DIALETO DOS OBSTINADOS

JANGUIÊ DINIZ

DIALETO DOS OBSTINADOS

ns

São Paulo, 2024

Dialeto dos Obstinados – 1026 Palavras
Copyright © 2024 by JANGUIÊ DINIZ
Copyright © 2024 by Novo Século Ltda.

EDITOR: Luiz Vasconcelos
GERENTE EDITORIAL: Letícia Teófilo
COORDENAÇÃO EDITORIAL: Driciele Souza
EDITORIAL: Erica Borges, Graziele Sales, Mariana Paganini e Marianna Cortez
REVISÃO: Victoria Nataly
DIAGRAMAÇÃO: Manoela Dourado
CAPA: Ian Laurindo

Texto de acordo com as normas do Novo Acordo Ortográfico da Língua Portuguesa (1990), em vigor desde 1º de janeiro de 2009.

Dados Internacionais de Catalogação na Publicação (CIP)
Angélica Ilacqua CRB-8/7057

Diniz, Janquiê
 Dialeto dos obstinados : 1026 palavras / Janguiê Diniz. -- São Paulo : Novo Século, 2024.
 272 p.

Bibliografia
ISBN 978-65-5561-716-0

1. Autoajuda 2. Negócios I. Título

24-0274   CDD 158.1

Alameda Araguaia, 2190 – Bloco A – 11º andar – Conjunto 1111
CEP 06455-000 – Alphaville Industrial, Barueri – SP – Brasil
Tel.: (11) 3699-7107 | E-mail: atendimento@gruponovoseculo.com.br
www.gruponovoseculo.com.br

DEDICATÓRIA

Dedico esta obra, inicialmente, aos obstinados. Sim, àqueles que mais e mais buscam se apropriar de sua linguagem para se comunicarem. Sobretudo, aos obstinados e obstinadas que vêm ministrando palestras e, com isso, tecendo esclarecimentos e trocando experiências pelo mundo.

Àqueles e àquelas que, dessa forma, buscam se aprimorar no nosso vernáculo. Muitas vezes, durante argumentações, é possível encontrar palavras mais adequadas para abordar as mais diversas circunstâncias vividas. Nossa língua é tão líquida quanto nosso tempo.

Também, como palestrante que sou, imaginei chegar aos que se interessam em se educar pouco a pouco por meio de vozes que falam sobre realização de sonhos, àqueles que procuram nos ouvir e nos ler, isto é, aos que assistem às nossas palestras e leem nossa produção textual. Mudanças de vida, ressignificações, obstinações, tenacidade, vigor, manobra, planejamento, atuosidade são mais que palavras. Seus significados facultam mudanças de hábitos. Dessa forma, para você que vem se ressignificando, eis mais um recurso para seu aperfeiçoamento. O dialeto dos obstinados permite que você tenha a mesma linguagem e, consequentemente, conheça posicionamentos, ações, qualidades que nos descrevem e nos asseguram ser um vencedor.

Por fim, ofereço esta obra também aos curiosos e estudiosos da língua portuguesa. Aos que estudam, portanto, o vernáculo de nosso idioma por temas e, seguramente, ganham maior flexibilidade na progressão interna de seus argumentos, seja exemplificando, descrevendo, fazendo analogias ou utilizando outros recursos linguísticos na esteira de seus pensamentos e ideias.

APRESENTAÇÃO

Sabe-se que as palavras descrevem, contextualizam qualidades, esclarecem, nominam, expressam ações, numeram. Enfim, elas são tão fortes quanto o silêncio.

Este dicionário não apenas busca levar a você o significado – ou termos equivalentes – das 1000 palavras selecionadas por mim. É muito mais do que isso. A leitura atenta assegura o dialeto dos obstinados. Palavras e termos que estão sempre presentes na fala dos que pensam diferente – pensam grande. Dessa forma, esta obra assiste a todos que pretendem entender melhor a mente dos obstinados, seus argumentos, suas ações, suas atitudes, sua resiliência. E, claro, como a língua está viva, possivelmente em futuras edições teremos um mosaico maior de vocábulos.

Diante de inúmeras palestras que já ministrei, bem como entrevistas sobre obstinação, idealizei reunir inicialmente um conjunto expressivo de vocábulos que manifestam o mundo das pessoas obstinadas, pessoas que desistem de desistir: como elas agem, o que elas frequentemente praticam, como se planejam, quais são suas qualidades ou responsabilidades, como essas pessoas encaram o tempo em que vivem.

A maneira como escolhi fazer isso foi trazendo todo esse mundo com pouca sintaxe da língua, isto é, sem que o texto corresse a você por meio de períodos coordenados e subordinados.

Utilizando, praticamente, apenas as palavras soltas. A esteira de sinônimos que trago garante expressivo alcance das diversas circunstâncias a que esses guerreiros (os obstinados) se lançam.

É oportuno fazer uma leitura sem pressa. Esteja atento ou atenta a cada palavra equivalente que enumero. Cada sinônimo é também sinônimo aparente: pode ser depreendido ou inferido em circunstâncias diferentes. A aparência na sinonímia não desqualifica a rede de conexão entre os termos afins, asseguram os linguistas.

Temos, então, palavras como "aguerrido", "aguçado", "cauteloso", "hiante" para, por exemplo, trazer a você características comuns dos obstinados. Cada uma traz seu leque de sinônimos aparentes. Mas também temos vocábulos como "maquinar", "modelar-se", "obstinar" e "planejar", que não apenas expressam ações, mas nos fazem inferir o correr de um tempo cuidadoso e contínuo no agir de cada pessoa pertinaz.

Durante minhas entrevistas, uso bastante o termo "sonhar sonho grande". Resolvi também assentar essa expressão na obra. Trata-se de estrutura sintática, de fato, rica, por trazer um pleonasmo enfático, ou seja, "sonho" é o objeto direto interno, uma vez que seu sentido já está no próprio verbo "sonhar". Ressalto que não é erro – o gramático Napoleão Mendes de Almeida, por exemplo, ratifica seu uso.

Por fim, verbos, adjetivos, substantivos e advérbios são classes de palavras reunidas aqui neste dicionário, cuja intenção é mais do que buscar sentidos. Trata-se de selecionar 1000 palavras que dizem muito sobre o que está no fundo de nossas argumentações: é uma parte significativa de nosso dialeto – nós, os obstinados. Boa leitura!

Janguiê Diniz

SUMÁRIO

A

Abarroado	29	Afoito	34
Abnegação	29	Afrontar	34
Abundante	29	Agarrado	35
Abusado	29	Agastadiço	35
Acarraçado	30	Ágil	35
Acarrapatar-se	30	Aglutinante	35
Acasmurrado	30	Aguçado	36
Acastelar-se	30	Agudo	36
Acerbidade	31	Aguerrido	36
Acérrimo	31	Aguerrimento	36
Acirrado	31	Ajuste (criativo)	37
Acreditar em si	31	Alcance	37
Açambarcador	31	Alheado	37
Adaptação	32	Alienação	37
Adequar-se (à modernidade)	32	Alpinista	38
		Altaneiro	38
Aderir	32	Altercante	38
Admirador	32	Alterar (a rota)	38
Adrenalina	33	Altivo	39
Adverso	33	Alvedrio	39
Aferrado	33	Amadurar	39
Aferrenhar-se	33	Amarrar-se (a uma ideia)	40
Aferro	33	Amarroado	40
Afincado	34	Ambicioso	40
Afincamento	34	Amestrar (valores)	40
Afincar	34	Amiudado	41

Amodernar (ideias e ações) 41
Anafado (de luz) 41
Análise 41
Animadversão 42
Ânimo 42
Ansiedade 42
Antagônico 42
Apaixonado 43
Apalavrar 43
Apego 43
Aperfeiçoamento 43
Apetrechar 44
Apostar 44
Apreensivo 44
Apreensão 44
Aprender 44
Aprimorar-se 45
Apropositar 45
Apto 45
Apurado 45
Aqui e agora 45
Arbitrário 46
Arcar 46
Ardiloso 46
Ardor 46
Ardoroso 47
Arguente 47
Arguto 47
Arisco 47
Arrebatamento 47
Arrevessar 48
Arriscar 48
Arrogar 48
Arrojado 48
Arrojo 48
Artífice (de engenhosas iniciativas) 49
Arvorar 49
Ascendente 49
Assertividade 49
Assiduidade 50
Assíduo 50
Assimilação 50
Assisado 50
Assumir (riscos) 50
Astúcia 51
Atalhar 51
Ater-se 51
Atilado 52
Atinado 52
Atitude 52
Ativador 52
Ativo 53
Atrever-se 53
Atrevido 53
Atrevimento 53
Atualizar-se 54
Atuosidade 54
Aturado 54
Aturamento 54
Aturar 54
Audácia 55
Audaz 55
Áugure 55
Auspicioso 55
Austeridade 56
Austero 56
Austinado 56
Autenticidade 56
Autoconceito 57

Autoconfiança 57
Autoconhecimento............ 57
Autocontrole 57
Autodidata......................... 58
Autodomínio 58
Autoestima 58
Autogovernar-se................ 58
Autonomia......................... 59

Autoridade 59
Autorregulação 59
Avaliador 59
Avaliar................................ 59
Avançar.............................. 60
Aversia 60
Avezado 60
Ávido 60

B

Bater a meta...................... 61
Benemerente..................... 61
Birra 61
Birrento 62
Blindar 62
Bom-senso......................... 62
Bracejar 62

Bramir................................ 63
Bravura 63
Briguento........................... 63
Britar dificuldades 63
Brunir boas ideias.............. 64
Burilar exemplos................ 64
Burrão................................ 64

C

Cabeça-dura 65
Cabeçudo........................... 65
Cadimo 65
Calejado............................. 65
Capitoso............................. 66
Caprichoso......................... 66
Casmurrice 66
Casmurro 66

Castelhano......................... 66
Categórico 67
Catonismo 67
Caturrar 67
Cautelosamente 67
Cauteloso........................... 67
Cauto 68
Caviloso 68

Cenreira	68	Concentração	76
Centrado	68	Concentrar-se	77
Cético	68	Concluir	77
Cicatice	69	Condescendente	77
Circunfuso de certezas	69	Condutor	77
Circunspecção	69	Conexão contínua	78
Circunspecto	69	Confiança (em si mesmo)	78
Circunstanciado	69	Confluência	78
Cisma	70	Confutar	78
Cismador	70	Congruência	79
Cismar	70	Conhecer (além de você)	79
Cismático	70	Conhecimento (específico)	79
Clareza	71	Conhecer-se	79
Coadjuvação	71	Conquistar	80
Coerência	71	Consciente	80
Coletor	71	Conselheiro	80
Combatente	72	Consistência	80
Com o alvo nos olhos	72	Conspecção	81
Comece e termine	72	Constância	81
Comedido	72	Constante	81
Comedimento	73	Consuetudinário	81
Comedir	73	Contemplação	82
Compasso	73	Contemplador	82
Compatibilidade	73	Contestação	82
Competência	74	Contestador	82
Competitivo	74	Contestar	83
Complacente	74	Continência	83
Complanar seus saltos	74	Continuação	83
Compleicionado	75	Continuidade	83
Compressão	75	Contínuo	84
Comprometer-se	75	Contraverter	84
Comprometido	75	Construir horas, tempo	84
Comprometimento	76	Construir-se	84
Compromissado	76	Contemporizar	85
Compulsão	76	Contumácia	85

Contumaz 85
Convicção 85
Copado (de ideias fortalecidas) 86
Coragem (de se expor) 86
Corajoso 86
Correr (com disciplina) 86
Creador 87
Credor 87
Crescer 87
Crescimento 87
Criatividade 88
Criterioso 88
Cuidar 88
Cultivar-se 88
Cumprir (a palavra) 89

D

Decidir mudar de vida 91
Decolar 91
Dedicação excessiva 91
Dedução 92
Defluente (de suas convicções) 92
Deliberação 92
Demorar 92
Denegação 93
Denegar 93
Denodo 93
Denso 93
Desabalado 94
Desabrir-se 94
Desacolher 94
Desafeiçoado 94
Desagradável 95
Desapegar 95
Desbravador 95
Descocado 95
Descomedido 96
Desconfiança 96
Desembaraço 96
Desejo 97
Desembaraçado 97
Desenterrar dons 97
Desentibiar 97
Desfanatizar 98
Desinclinação 98
Desistir de desistir 98
Desmedir-se 98
Despertar 99
Destemeroso 99
Destemido 99
Desteridade 99
Destravado 100
Destravar a minha cabeça 100
Destreza 100
Desunhar 100
Detalhamento 100
Determinação 101
Determinado 101

Devotado 101
Dialógico 101
Diamantino 101
Diligência 102
Diligente 102
Direcionar 102
Disciplinado 102
Disciplinar 102
Discrição 103
Disparar (na frente) 103
Disposição 103
Disputante 103
Dissentir 104
Domador 104
Dominador 104
Dominar 104
Ductilidade 105
Duraz 105
Dureza 105

E

Ebulitivo 107
Eburnação 107
Edificador 107
Educar 107
Efervescência 108
Efetivar 108
Egotismo 108
Embirrante 108
Embirrar 109
Embirrento 109
Eminente 109
Empatia 109
Empedernimento 109
Empenhado 110
Empepinar 110
Emperramento 110
Emperro 110
Empolgação 110
Empolgado 111
Empreender 111
Emulador 111
Encabeçar 111
Encabruado 112
Encanzinado 112
Encaprichar-se 112
Encarar 112
Encasquetar-se 112
Encanzinado 113
Encarniçado 113
Encetar 113
Encimar 113
Endurado 114
Energia 114
Enérgico 114
Enfincar 114
Engenhoso 115
Enjeitamento 115
Enjeitar 115

Enraizar............................ 115	Ética................................ 122
Enrijar 115	Especializar-se 122
Ensinável......................... 116	Exprobação 122
Entesar 116	Eutimia 122
Entranhado 116	Evidência 123
Entusiasta 116	Evitação 123
Envolver-se 117	Eviternidade 123
Envolvimento................... 117	Evoluir............................. 123
Escalabilidade 117	Evolver 123
Escolado 117	Exatidão.......................... 124
Esmero............................ 118	Excelência....................... 124
Espartano 118	Excelso............................ 124
Especialista 118	Excepcional..................... 124
Esperançar..................... 118	Excessivo 124
Espontaneidade............... 119	Excitativo 125
Esquipação 119	Excogitar 125
Esquivo 119	Excursionista................... 125
Estabelecer 119	Executor.......................... 125
Estabilidade 119	Exegeta 125
Estemado........................ 120	Exemplar......................... 126
Estimação 120	Exitoso 126
Estoico 120	Expandir 126
Estratégico...................... 120	Experimentado 126
Estrênuo 120	Experimento 126
Estrepitoso 121	Experto 127
Estrito 121	Exponencializar-se 127
Estro 121	Exprobrar........................ 127
Estuante 121	Expugnar 127
Esturrado........................ 121	

F

Facundo	129	Fixidez	133
Fanático	129	Fleuma	133
Fantasia	129	Fleumático	134
Fatíloquo	130	Fluente	134
Fazedor	130	Focar	134
Fazer	130	Foco	134
Fé (no que sabe)	130	Fodido obstinado	134
Febricitante	130	Forcejar	135
Fecundador	131	Fornir	135
Felicidade	131	Fornido	135
Ferrado	131	Fortidão	135
Ferrenho	131	Fortunoso	136
Férreo	131	Fovente	136
Fértil	132	Franqueza	136
Férvido	132	Frequência	136
Fieldade	132	Frugalidade	136
Firmado	132	Frutuoso	137
Firme	132	Fulgente (de criatividade)	137
Firmeza	133	Fundir-se	137
Finório	133	Fugir de vitimização	137
Fixação	133		

G

Garra	139	Gigante	140
Genialidade	139	Gigântico	140
Genitor	139	Gladiador	140
Gerador de receita	139	Governança	140

Governar 140
Governar-se 141
Gradação 141
Gramar 141
Grandíloquo 141

Granítico 142
Grimpar 142
Guerreiro 142
Guiador 142

H

Habilidade 143
Habilidoso 143
Hábito 143
Habituar-se 143
Harto 144
Hercúleo 144
Hermético 144

Heroísmo 144
Hiante 145
Homérico 145
Honradez 145
Humildade 145
Húmile 145

I

Icástico 147
Ideador 147
Idear 147
Idoneidade 148
Ignescente 148
Ilidir 148
Ilimitado 148
Iluminado 148
Ilustrado 149
Imaginativo 149
Imaleabilidade 149

Imaleável 149
Imergente 149
Iminente 150
Imodificável 150
Imoto 150
Impactar 150
Imparável 150
Impassível 151
Impecabilidade 151
Impenitente 151
Imperiosidade 151

Imperioso	151	Incontroverso	159
Imperscrutável	152	Indefesso	159
Impertérrito	152	Indomável	160
Imperturbável	152	Inesgotabilidade	160
Impérvio	152	Indiferença	160
Impetuoso	153	Indirigível	160
Implacabilidade	153	Indisceptável	160
Implacidez	153	Indúctil	161
Implicância	153	Inductilidade	161
Imponência	153	Indução	161
Importuno	154	Induração	161
Impulsionar	154	Industrioso	161
Impulso	154	Infalibilidade	162
Imudável	154	Infatigabilidade	162
Imutabilidade	154	Infatigável	162
Inabalável	155	Infenso	162
Inamolgável	155	Infinitude	162
Inalterabilidade	155	Infirmativo	163
Incansável	155	Inflexibilidade	163
Incensurável	155	Inflexível	163
Incessante	156	Influenciador	163
Incessável	156	Infrangibilidade	163
Incolumidade	156	Infrangível	164
Inconcusso	156	Ingovernável	164
Indesistível	156	Iniciação	164
Indesviável	157	Inovador	164
Indiferença	157	Inovar	164
Indúctil	157	Inquebrantabilidade	165
Inexcitável	157	Inquebrantável	165
Inextinguível	158	Inquieto	165
Inexorável	158	Insaciável	165
Incisivo	158	Insistência	166
Ínclito	158	Insistente	166
Incompatibilizar-se	159	Insistir	166
Inconformado	159	Insofismável	166
Incontestável	159	Insolente	166

Inspetar 167	Intransigência 170
Instinto 167	Intransigente 170
Instituidor....................... 167	Intratável 170
Institutário..................... 167	Intrépido......................... 171
Instrução........................ 167	Introjeção 171
Insubmisso 168	Intromissão..................... 171
Insurreição..................... 168	Intuição........................... 172
Insusceptível................... 168	Invariabilidade 172
Inteirar............................ 168	Investigar 172
Inteireza.......................... 169	Inveterado 172
Intento............................ 169	Irredutível....................... 172
Intercessor..................... 169	Irremitente 173
Intermitir 169	Irreverente...................... 173
Intolerância 169	Irrevocabilidade............... 173
Intolerável 170	

J

Jactancioso 175	Justo 175
Jeitoso 175	Judicioso.......................... 175

L

Laboriosidade.................. 177	Lealdade 178
Laconismo 177	Lecionista........................ 178
Lapidar 177	Líbito............................... 178
Latejante......................... 177	Licencioso 179
Lauto (de percepções)...... 178	Lidador 179
Lavrador (de sonhos grandes) 178	Líder................................ 179
	Liderança 179

Ligeiro 179
Líquido 180
Locupletar 180
Longânime 180
Loquaz 180

M

Maduro 181
Magistralidade 181
Magnata 181
Majestático 181
Maleável 182
Mando 182
Manobra 182
Manter uma linha 182
Maquinado 182
Maquinar 183
Marmóreo 183
Marroaz 183
Martelar 183
Maturação 183
Mediatista 184
Melhoramento 184
Melindrado 184
Mentor 184
Metrificar 184
Mercante 185
Meritocracia 185
Mesurado 185
Meta 185
Metido 185
Metódico 186
Metuendo 186
Mexedor 186
Minucioso 186
Minudente 186
Miradouro 187
Mirífico 187
Mirone 187
Mítico 187
Mitrado 187
Modelar-se 188
Moderação 188
Modificar 188
Morigerado 188
Motilidade 188
Motivação (intensa) 189
Motivado 189
Mover 189
Multifuncional 189
Municionamento 190
Munir 190

N

Natento 191
Negociar 191
Neutralidade 191
Nitidez 191
Nortear 192
Nubívago 192
Nução 192
Núncio 192

O

Obcecação 193
Obcecado 193
Obcecar 193
Obduração 193
Obdurado 194
Obfirmado 194
Obfirmar 194
Objetar 194
Obsessão 195
Obsessivo 195
Observador 195
Observância 195
Observante 195
Obstáculo 196
Obstinação 196
Obstinadamente 196
Obstinado 196
Obstinar 197
Obstar 197
Obumbração 197
Operoso 197
Opimo 198
Opiniático 198
Opinioso 198
Opíparo 198
Oportunidade 198
Oposição 199
Oposto 199
Organizador 199
Ossificado 199
Ostensivo 199
Otimismo 200
Otimizar 200
Ousado 200
Ousar 200
Oxigenar 200

P

Paciencioso 201
Padecente 201
Palinuro 201
Panturra 201
Paredro 202
Patenteador 202
Pautado 202
Pelejador 202
Penetrante 202
Pensar (diferente) 203
Perfectibilidade 203
Perraria 203
Percussor 203
Perdurabilidade 203
Peregrinador 204
Peremptório 204
Perfectível 204
Performance 204
Perfulgente 205
Perito 205
Permanência 205
Permanente 205
Perraria 205
Perrice 206
Perro 206
Perseverança 206
Perseverante 206
Persistência 206
Persistente 207
Perscrutar 207
Perspicácia 207
Perspicuidade 207
Pertinácia 207
Pertinaz 208
Pervicácia 208
Pervicaz 208
Pirronice 208
Pirrônico 208
Pirronismo 209
Placidez 209
Planejar 209
Planejamento 209
Plantar 209
Polaridade 210
Polimorfo 210
Porfia 210
Porfiado 210
Porfiante 210
Porfioso 211
Pormenorizado 211
Potencializar-se 211
Portentoso 211
Positividade 212
Potestade 212
Pragmático 212
Pragmatismo 212
Precatar 212
Precaução 213
Precípite 213
Precisão 213
Preclaro 213
Premência 213
Premunir 214
Preparação 214

Preparar-se 214
Preponderante 214
Presciente........................ 215
Presente 215
Preservação 215
Presságio 215
Pressuroso 215
Presteza 216
Prestimoso....................... 216
Pretensioso...................... 216
Prevalência 216
Previdente 216
Primaz.............................. 217
Proatividade 217
Probante.......................... 217
Probidade 217
Procacidade..................... 217
Procaz 218
Proceridade 218
Prodigioso........................ 218
Produtivo 218
Produtor 218
Proficiência...................... 219
Proficiente 219
Programar-se 219
Projeção........................... 219
Projeto (de vida).............. 220
Prolífico 220
Promover......................... 220
Propulsor 220
Prosperar 221
Prosperidade 221
Protérvia.......................... 221
Protervo........................... 221
Próvido 221
Provimento...................... 222
Provisão........................... 222
Prudência 222
Pulso................................ 222

Q

Qualificar-se 223
Quebrar paradigmas......... 223
Querelante 223
Querer (intensamente)..... 224
Questionar....................... 224
Quimérico........................ 224

R

Rabinice 225	Relutante 232
Ratice 225	Relutar 232
Reagente 225	Remenicar 233
Rebater 225	Remodelar 233
Recalcitrante 226	Renhir 233
Recalcitrar 226	Renitência 233
Recato 226	Renitente 234
Recavar 226	Renitir 234
Rechaçar 227	Repelente 234
Reciclar 227	Repelir 234
Reconfigurar 227	Replicar 235
Reconstruir 227	Represar 235
Refinador 228	Reprogramar-se 235
Refinamento 228	Repudiar 235
Reflexão 228	Repulsa 236
Reforçar 228	Resiliência 236
Reformular 229	Resiliente 236
Refratário 229	Resistência 236
Refugar 229	Resistente 236
Refundir 229	Resoluto 237
Refutação 230	Reptador 237
Refutador 230	Reputação 237
Regente 230	Respeitabilidade 237
Regrado 230	Responsabilidade 237
Rejeição 231	Ressabiado 238
Rejeitar 231	Ressignificar 238
Reincidência 231	Retesado 238
Reiterar 231	Retidão 238
Relapsão 231	Retocar 238
Relapsia 232	Retumbante 239
Relevância 232	Revel 239
Relutância 232	Revidar 239

Revolucionário 239
Rigidez 239
Rijeza 240
Rigor 240
Rigorosidade 240
Rigoroso 240
Riqueza 240
Ritmado 241
Ritmo 241
Rito 241
Robustez 241
Rompante 241
Rópia 242

S

Sabatinar 243
Sacrifício 243
Safo 243
Sagaz 244
Sedicioso 244
Seguro 244
Sem pressa 244
Semeador 244
Senhoreador 245
Sequaz 245
Serenidade 245
Seriedade 245
Severidade 246
Severo 246
Simetria 246
Síncrise 246
Sincronicidade 246
Singular 247
Sistemático 247
Soberania 247
Sobrestante 247
Sobrepensado 247
Sobrepujança 248
Sobreteima 248
Sobriedade 248
Solércia 248
Solidez 248
Solvência 249
Sonhar (sonhos grandes) 249
Suasório 249
Sucesso 249
Superação 250
Superador (de adversidades) 250
Súpero 250
Supino 250
Suportar 251
Suporte 251
Suprassumo 251
Suprir 251
Suspeita 252
Suspicaz 252
Suster 252

T

Talentoso 253
Tático 253
Tautocronia 253
Teima 253
Teimar 254
Teimice 254
Teimosia 254
Teimoso 254
Tempestuar 254
Temporizar 255
Tenacidade 255
Tenaz 255
Tenção 255
Tenência 255
Terso 256
Testudo 256
Timbroso 256
Tineta 256
Toldar-se 256
Tolerância 257
Tolerante 257
Tolerar 257
Totalidade 257
Trabalhador 258
Trabalhar 258
Transigente 258
Transpor-se 258
Traquejar 259
Tripular 259
Tungador 259
Turbar-se 259
Turra 260
Turrar 260
Turrão 260
Turrista 260

U

Úbere 261
Ultimação 261
Urgência 261
Urgir 262

V

Valimento 263
Varonilidade 263
Vaticinador 263
Vedor 264
Vencedor 264
Venturoso 264
Verboso 264
Versado............................. 264
Verticalidade.................... 265
Vezeiro............................. 265
Viço................................. 265
Vigília 265
Vigor 265
Virente............................. 266
Viripotente 266
Virtude............................. 266
Visibilidade 266
Visionário 266
Vislumbre 267
Vitaliciar-se 267
Volição 267
Vontade 267
Voraz................................ 267

Z

Zelar................................. 269
Zelo.................................. 269

A

ABARROADO
Adjetivo masculino, variável. Equivale a: casmurro; contumaz; insolente; obstinado; reles; afincado.

ABNEGAÇÃO
Substantivo feminino, variável. Corresponde a: sacrifício; renúncia; desapego; recusa.

ABUNDANTE
Adjetivo, com flexão apenas em número. Seu sentido: farto; abastecido; aquele que se mostra abastado; copioso.

ABUSADO
Particípio masculino do verbo abusar. Varia em gênero e número. Trata-se de quem ultrapassa o

permitido ou o que é razoável; uso excessivo ou ação excessiva.

ACARRAÇADO
❝ Particípio masculino variável do verbo acarraçar-se, contextualizando pessoa presa a uma ideia, fixa em um pensamento.

ACARRAPATAR-SE
❝ Verbo no infinitivo pronominal e que corresponde a prender-se a algo à semelhança de um carrapato.

ACASMURRADO
❝ Forma nominal no particípio do verbo acasmurrar. Valor semântico: acirrado; capitoso; aferrado; ferrenho; insistente.

ACASTELAR-SE
❝ Verbo regular em sua forma pronominal, na voz reflexiva. 1ª pessoa do singular do presente do indicativo: eu me acastelo. Além de seu sentido literal (refugiar-se, isolar-se), há o sentido figurado: prevenir-se; defender-se; precaver-se; defender-se com fortificações.

ACERBIDADE
❝ Substantivo que varia somente em número, cujo significado diz respeito àquele que tem caráter amargo, duro ao extremo.

ACÉRRIMO
❝ Adjetivo com flexão em gênero e número. Trata-se de pessoa bastante firme, perseverante.

ACIRRADO
❝ Adjetivo variável em gênero e número, advindo do particípio regular do verbo acirrar, sendo equivalente a: obstinado; pertinaz; teimoso; resistente; tenaz.

ACREDITAR EM SI
❝ Expressão com verbo no infinitivo, com valor reflexivo. Significa: conferir autoridade ou poder a si, credenciar-se, estar convicto de suas habilidades.

AÇAMBARCADOR
❝ Substantivo variável em gênero e número que consiste em tomar conta de tudo, tendo o domínio para a execução de seus planejamentos.

ADAPTAÇÃO
❝ Substantivo feminino com flexão em número e que caracteriza pessoa com a habilidade de ressignificação do que detém, configurando e reconfigurando a coisa de seu domínio para utilização e negociação.

ADEQUAR-SE (à modernidade)
❝ Verbo pronominal seguido de seu complemento, cujo sentido equivale a se utilizar de sua vigília para compreender o mundo ao redor e ajustar-se a novas demandas de seu tempo.

ADERIR
❝ Verbo irregular. 1ª pessoa do singular do presente do indicativo: eu adiro. Do latim *adhaerere*. Equivale a: adaptar; aliar; coligar; envolver; prender; aliançar.

ADMIRADOR
❝ Substantivo variável em gênero e número, tendo equivalência a: entusiasta; aficionado; estimador; alheado; apreensivo.

ADRENALINA

Nome feminino, cujo sentido figurado expressa: força; entusiasmo; excitação; ter disposição física, emocional e mental suficiente para a execução de seu trabalho, de seus projetos.

ADVERSO

Adjetivo, variável em gênero e número. Do latim *adversus, a, um*. O mesmo que: contrário; desfavorável; desafeiçoado; antípoda; colidente.

AFERRADO

Particípio passado do verbo aferrar. Corresponde a: agarrado; persistente; resistente; teimoso.

AFERRENHAR-SE

Verbo no infinitivo com valor reflexivo. Corresponde a: afincar-se; obstinar-se; caturrar-se; encasquetar-se. Enfim, todo obstinado se torna ferrenho.

AFERRO

Derivação regressiva de aferrar. Valor semântico: estar continuadamente com a estima elevada, não se deixando abater diante das adversidades.

AFINCADO
> Particípio passado de afincar. Corresponde a: acasmurrado; ferrenho; contumaz; tenaz; recalcitrante.

AFINCAMENTO
> Substantivo masculino com derivação sufixal (afincar + mento). Seu significado: ter teima, birra sobre algo que mantém em seu foco. Nada o distancia, portanto, do alvo.

AFINCAR
> Verbo regular. A + fincar. Equivale a: emperrar; encasquetar; tungar; amarrar; caturrar; empeiticar; obstinar; encafifar.

AFOITO
> Adjetivo variável em gênero e número. Corresponde a: ousado; destemido; que sabe administrar o tempo e antecipa situações ou avança antecipadamente.

AFRONTAR
> Verbo regular. 1ª pessoa do singular do presente do indicativo: eu afronto. Equivale a: abrasar; acarminar; esbrasear; inflamar; entestar; confrontar.

AGARRADO

Forma nominal do verbo agarrar, tendo valor de adjetivo. Seu contexto: preso; apegado; sovina; aferrado; ferrenho; firme.

AGASTADIÇO

De agastar + diço. Trata-se de adjetivo variável em gênero e número. Corresponde a: assomado; iracundo; irascível; tomadiço; birrento; embirrativo.

ÁGIL

Adjetivo invariável em gênero. Equivale a: mostrar-se rápido, veloz, diligente durante a realização de seu trabalho. O que deseja já está tão bem planejado que se vê desembaraçado em suas execuções para a efetivação do que antes traçou.

AGLUTINANTE

Adjetivo invariável em gênero. Seu uso diz respeito à habilidade de se envolver e, sobretudo, de se relacionar com outros para a concretização de objetivos, tendo visão sistêmica no que monta, no que planeja. Agregando valores, ou seja, aglutinando-se e aglutinando forças, as partes se fortalecem e, estando elas mais unidas, o que obstinam vai se materializando funcionalmente.

AGUÇADO

> Adjetivo variável em gênero e número. Advindo do particípio de aguçar. Capaz de perceber sensações de maneira exata, com agudeza de espírito, mostrando-se afiado no que faz.

AGUDO

> Adjetivo que se flexiona em gênero e número. Valor semântico: pessoa que possui perspicácia, argúcia, sutileza para se manter firme em seu foco.

AGUERRIDO

> Adjetivo variável em gênero e número, com o sentido de: afoito; destemido; audaz; valente; guerreiro; arrojado.

AGUERRIMENTO

> Substantivo constituído de aguerrir + mento. Flexiona-se em número. Seu significado: ato de se preparar ou preparar alguém para uma guerra, um combate, um desafio. O obstinado se prepara,

portanto, para enfrentar seus desafios. Isso o torna aferro, afincado.

AJUSTE (criativo)
> Substantivo variável em número seguido de adjetivo. O termo dialoga com aquele que se molda com criatividade, se encaixa no que lhe exige esse moldar-se, mantendo-se no propósito.

ALCANCE
> Derivação regressiva do verbo alcançar, com flexão apenas em número. Equivale a: dimensão; valor; abrangência; capacidade; grandeza; valor.

ALHEADO
> Adjetivo advindo do particípio de alhear. Flexiona-se em gênero e número. Seu sentido: abismado; arrebatado; insano; extasiado.

ALIENAÇÃO
> Substantivo feminino. Plural: alienações. Do latim *alienatione*. Corresponde a: abstração; alheação; desvario; desvinculação.

ALPINISTA

❝ Substantivo para os dois gêneros. Relacionado a outro substantivo, toma a forma de adjetivo. Referencia altura, elevação. Mas, para escalar, é indispensável vigor, técnica, resistência. O obstinado está continuamente escalando. O obstinado é um alpinista.

ALTANEIRO

❝ Adjetivo variável em gênero e número, advindo do castelhano *altanero*. Seu sentido: aquele que se eleva bastante, que se mantém em grande altura, mostra-se excelente no que se propõe a fazer ou executar. Em seu sentido figurado equivale a soberbo; desdenhoso.

ALTERCANTE

❝ Adjetivo variável apenas em número. Seu sentido: pessoa que disputa, briga, discute calorosamente e sabe criar polêmica (altercador, resmungão). Todo obstinado o é.

ALTERAR (a rota)

❝ Termo constituído de verbo + seu complemento. No contexto da obstinação, trata-se de pessoa que estrategicamente muda o percurso, mas não desiste do alvo. É que seu planejamento é líquido, flexível em meio a circunstâncias com que se depara.

ALTIVO

Adjetivo originado de alto + ivo. Flexiona-se em gênero e número. Diz-se do estilo magnificente, demonstrando brio. Trata-se de pessoa ilustre, elevada, que traz argumentos altos, lúcidos e pomposos.

ALVEDRIO

Substantivo masculino que remete à ideia de arbitragem. Trata-se de pessoa de livre vontade; aquele que tem seu próprio arbítrio; talante; sua decisão depende apenas de sua vontade.

AMADURAR

Verbo regular. 1ª pessoa do singular do presente do indicativo: eu amaduro. Do latim *ematurare*. Corresponde a: amadurecer; aperfeiçoar; adubar; desenvolver; emoldurar.

AMARRAR-SE (a uma ideia)
❝ Verbo pronominal seguido de seu complemento (objeto indireto). Equivale a: manter o foco; não desistir; ser obstinado; ser aguerrido.

AMARROADO
❝ Do verbo amarroar, em seu particípio, tomando o valor de adjetivo. Em seu sentido figurado, corresponde a: teimoso; aferrado; caído; insistente.

AMBICIOSO
❝ Adjetivo que se flexiona em gênero e número. Seu valor semântico: cobiçoso; pessoa que alimenta ou substancia o interesse ou desejo de algo; ter autoconfiança e, sobretudo, elevar seu potencial à realização ou finalização de algo antes planejado.

AMESTRAR (valores)
❝ Termo formado por verbo e substantivo masculino (seu complemento). Diz respeito à ação de: industriar-se; instruir-se; condicionar-se; treinar bastante para executar seus interesses.

AMIUDADO

Adjetivo originado da forma nominal do verbo amiudar no particípio. Flexiona-se em gênero e número. Pessoa que sucede com frequência; aquele que se mostra contingente, continuado.

AMODERNAR (ideias e ações)

Verbo regular. De a + moderno + ar. Esse termo corresponde a se predispor em acompanhar seu tempo; modernizar-se; estar em contínua ressignificação para se atualizar com o seu tempo.

ANAFADO (de luz)

Particípio do verbo anafar + preposição + substantivo. Esse verbo equivale a cevar, ampliar, nutrir. Todo o termo corresponde a: brilhante; alimentado; aquele que se nutre de luz, de ideias renovadas, substanciando-se de pensamentos e argumentos oportunos.

ANÁLISE

Substantivo feminino. Plural: análises. Do grego *análysis*. Corresponde a: apreciação; exame; averiguação; investigação; discernimento; verificação.

ANIMADVERSÃO

Substantivo feminino. Plural: animadversões. Equivale a: animosidade; exprobação; aversão; censura; reprimenda; repugnância; repulsa.

ÂNIMO

Substantivo masculino equivalente a: coragem; impulso; pessoa de temperamento; vigor. Diz-se de pessoa audaz em suas atitudes; com bravura em seu contínuo aperfeiçoamento.

ANSIEDADE

Substantivo feminino, variável em número apenas. Faz referência a: desejo veemente; impaciência. Pessoa que, em meio a seu contínuo labor e planejamento, apresenta tensão, insônia, problemas digestivos como sinais de apreensão.

ANTAGÔNICO

Adjetivo, variável em gênero e número. Do francês *antagonique*. O mesmo que: adverso; contrário; desconforme; avessado.

APAIXONADO

> Particípio regular de apaixonar. Portanto, tem valor de adjetivo. São pessoas arrebatadas por seus projetos; aficionadas por suas animosidades; ardorosas pelo que buscam; apaixonadas por seus sonhos.

APALAVRAR

> Verbo regular. 1ª pessoa do singular do presente do indicativo: eu apalavro. A + palavra + ar. Equivale a: pactuar; firmar; acordar; afixar a palavra.

APEGO

> Derivação regressiva de apegar. Substantivo masculino. Seu sentido: ter estima, afeição ou dedicação constante e excessiva a algo.

APERFEIÇOAMENTO

> Substantivo masculino com flexão apenas em número. Relaciona-se à ideia de avanço; crescimento; desenvolvimento; retoque. Pessoa que está em aprimoramento continuamente.

APETRECHAR

Verbo regular. 1ª pessoa do singular do presente do indicativo: eu apetrecho. Equivale a: equipar; municiar; armar; premunir; acautelar; preparar; garantir.

APOSTAR

Verbo no infinitivo que equivale à ideia de aprontar-se; aparelhar-se; prover-se. O obstinado está, dia após dia, provendo-se, aparelhando-se.

APREENSIVO

Adjetivo variável em gênero e número. Corresponde a: cismático; arreliado; cismador; desconfiado; alarmado.

APREENSÃO

Substantivo feminino com flexão de número. Valor semântico: inquietação; receio; temor.

APRENDER

Verbo no infinitivo que significa tornar-se capaz, hábil. Os obstinados estão continuamente alçando novos voos; instruindo-se; adquirindo novas habilidades; aprendendo com os próprios erros.

APRIMORAR-SE
De a + primor + ar. Trata-se de um verbo pronominal. Significa aperfeiçoar-se; melhorar-se; requintar-se; lapidar-se; sofisticar-se; polir-se.

APROPOSITAR
Verbo regular. 1ª pessoa do singular do presente do indicativo: eu aproposito. Equivale a: ajustar; adequar; adaptar; ajeitar; engrenar; entrosar; amoldar.

APTO
Adjetivo variável em gênero e número. Corresponde a ter capacidade para a realização de algo; mostrar-se habilitado à execução de algo que lhe é conveniente.

APURADO
Particípio regular do verbo apurar. Flexiona-se em gênero e número. Valor de adjetivo. Aquele que se apurou, bem cuidado, aprimorado, delicado.

AQUI E AGORA
Advérbios de lugar e tempo respectivamente. Entre eles, a conjunção coordenada aditiva. Essa expressão diz respeito a valorizar o momento presente;

ter pragmatismo; saber como agir rapidamente; ter reação imediata.

ARBITRÁRIO

❝ Adjetivo, variável em gênero e número. Do latim *arbitrarius, a, um*. Equivale a: autoritário; imperativo; discricionário; absoluto; dogmático.

ARCAR

❝ Verbo regular. 1ª pessoa do singular do presente do indicativo: eu arco. Do latim *aquare*. O mesmo que: contender; esgrimir; litigar; lutar; contestar; debater; argumentar.

ARDILOSO

❝ Adjetivo variável em gênero e número (ardil + sufixo oso). Pessoa que se utiliza de esperteza para ter ou alcançar o que pretende.

ARDOR

❝ Substantivo masculino que remete a: entusiasmo; vivacidade; paixão; acendimento.

ARDOROSO
> Adjetivo por derivação sufixal. Varia em gênero e número. Equivale a: entusiasmado; aficionado; arrebatado; adorador.

ARGUENTE
> Adjetivo usado para ambos os gêneros. Varia apenas em número. Sua carga semântica: argumentador; aquele que sabe fundamentar suas ideias, seus pensamentos, seu entendimento.

ARGUTO
> Adjetivo variável em gênero e número. Corresponde a ser capaz de notar rapidamente sutilezas; ter espírito sagaz e engenhosidade.

ARISCO
> Adjetivo que se flexiona em gênero e número. Seu valor semântico: desconfiado; cabreiro; cismado; arredio; cético.

ARREBATAMENTO
> Substantivo masculino advindo de arrebatar + mento. O mesmo que: impulso; comportamento precipitado; absorção instantânea.

ARREVESSAR
❝ Verbo regular. 1ª pessoa do singular do presente do indicativo: eu arrevesso. Equivale a: reversar; rejeitar; abominar; antipatizar; abominar.

ARRISCAR
❝ Verbo regular. 1ª pessoa do singular do presente do indicativo: eu arrisco. A + risco + ar. O mesmo que: ousar; arremeter; apostar; abalançar.

ARROGAR
❝ Verbo regular. 1ª pessoa do singular do presente do indicativo: eu arrogo. O mesmo que: impor; descarregar; assacar; apropositar.

ARROJADO
❝ Particípio de arrojar. Varia em gênero e número. Equivale a: abusado; que se atira; afoito.

ARROJO
❝ Substantivo masculino. Plural: arrojos. Forma regressiva de arrojar. Carga semântica: ousadia; atrevimento; audácia; intrepidez; coragem; desembaraço; destemor; bravura.

ARTÍFICE (de engenhosas iniciativas)

O substantivo inicial tem, em sentido figurado, a ideia de criador, inventor, obreiro. Dessa forma, o obstinado tem ânimo pronto e enérgico para concepções. Trata-se de um visionário em seu tempo, cujas ações fazem dele pioneiro em empreendimentos úteis e oportunos.

ARVORAR

Verbo regular. 1ª pessoa do singular do presente do indicativo: eu arvoro. O mesmo que: alardear; estadear; ostentar; altear; alçar; bravatear.

ASCENDENTE

Adjetivo comum aos dois gêneros. Varia, então, apenas em número. Sua carga semântica: aquele que se eleva; pessoa que vai progredindo.

ASSERTIVIDADE

Substantivo feminino. No contexto psicológico, essa palavra nomina um conjunto de atitudes e comportamentos que facultam a alguém afirmar-se social e profissionalmente sem que haja violação aos direitos dos outros.

ASSIDUIDADE
❝ Substantivo feminino direcionado àquele que se compromete com as suas atividades; consistente ao desempenhar suas funções.

ASSÍDUO
❝ Adjetivo, variável em gênero e número. Plural: assíduos. Do latim *assiduus, a, um.* Corresponde a: constante; frequente; incessante; ininterrupto; continuado; porfioso.

ASSIMILAÇÃO
❝ Substantivo feminino relacionado aos que têm a habilidade de se incorporar a elementos do meio ou a informações para se modelar ou se ressignificar.

ASSISADO
❝ Particípio passado de assisar: agir com siso, com sensatez; pessoa criteriosa, ajuizada, avisada.

ASSUMIR (riscos)
❝ Verbo seguido de seu complemento. O obstinado toma para si qualquer risco, ou seja, ele assume

a responsabilidade diante de possíveis danos ou perdas. Essa característica faz do obstinado uma pessoa que assume encargos, mas não desiste de seu intento.

ASTÚCIA

> Substantivo feminino variável em número. Seu sentido: habilidade para não se deixar enganar e saber negociar com outros; ter sagacidade para manter-se firme em seus sonhos e em suas execuções.

ATALHAR

> Verbo que significa tornar mais curto ou breve o que se deseja; resumir o caminho. Todo o caminho passa a ser menos longo. O atalho surge e, assim, o obstinado evita a demora do que busca. O tempo de execução é razoavelmente abreviado.

ATER-SE

> Verbo irregular e pronominal na voz reflexiva, ou seja, o agente não apenas pratica a ação, mas também sofre a própria ação. 1ª pessoa do singular do presente do indicativo: eu me atenho (informal na colocação pronominal) ou eu atenho-me (formal no uso da colocação pronominal). Seu sentido: firmar-se sobre ou contra; apoiar-se; fiar-se.

ATILADO
> Particípio regular do verbo atilar. Valor semântico: cumpridor de suas obrigações; correto; pessoa esmerada; aquele que tem ações apuradas.

ATINADO
> Adjetivo, variável em gênero e número. Particípio regular do verbo atinar. O mesmo que: prudente; ajuizado; atilado; sensato; discreto; esperto; avisado.

ATITUDE
> Substantivo que varia em número. Corresponde àquele que se posiciona, apresenta conduta, deixa clara sua maneira de proceder. A pessoa obstinada tem atitude firme ao lutar por seus interesses, demonstrando sua inclinação a um ponto de referência a que aspira.

ATIVADOR
> Adjetivo e substantivo masculino. Varia em gênero e número. Ativar + dor. Corresponde a: estimulador; impulsionador; intensificador; aquele que vigoriza; aquele que provoca; aquele que fomenta.

ATIVO

Adjetivo masculino que faz referência ao indivíduo em que dominam tendências para o pragmatismo; que exerce ação; que tem a faculdade de agir; estar em vigília; atabular bons resultados.

ATREVER-SE

Verbo regular. 1ª pessoa do singular do presente do indicativo: eu me atrevo. Do latim *attribuere*. Equivale a: ousar; afoitar; arriscar; arrojar; arremeter; investir; precipitar.

ATREVIDO

Forma nominal no particípio do verbo atrever. Valor semântico: ousado; aquele que não demonstra medo ou submissão; destemido.

ATREVIMENTO

Substantivo masculino. Plural: atrevimento. Atrever + mento. Equivale a: insolência; ousadia; petulância; coragem; impavidez; desembaraço; destemor.

ATUALIZAR-SE

❝ Verbo regular. 1ª pessoa do singular do presente do indicativo: eu me atualizo. Atual + izar. Corresponde a: modernizar-se; renovar-se; reciclar-se; ressignificar-se; renascer-se; reverdecer-se; reformar-se; revigorar-se.

ATUOSIDADE

❝ Substantivo feminino. Plural: atuosidades. Atuoso + (i) + dade. Equivale a: qualidade de atuoso; aquele que atua; laboriosidade; diligência; atarefamento.

ATURADO

❝ Particípio do verbo aturar. Equivale a: contínuo; constante; perene; ininterrupto; sucessivo.

ATURAMENTO

❝ Substantivo masculino. Plural: aturamentos. Aturar + mento. Equivale a: constância; tenacidade; persistência.

ATURAR

❝ Verbo relacionado a todo aquele que suporta com custo ou resignação; pessoa que persiste. Outros termos afins: aguentar; entuchar; assentir; tolerar.

AUDÁCIA

Substantivo feminino. Plural: audácias. Do latim *audácia, ae*. O mesmo que: coragem; ousadia; valentia; desgarre; confiança; arrojo.

AUDAZ

Adjetivo usado para os dois gêneros. Aquele que realiza o que planeja, mesmo havendo situações adversas; arrojado; atrevido; que atravessa as exigências com sabedoria e coragem.

ÁUGURE

Substantivo masculino. Na Roma antiga, eram os sacerdotes que usavam hábitos de animais para ter presságios. Uma pessoa que consegue ver previamente; adivinha o futuro; vidente; visionário; haríolo.

AUSPICIOSO

Adjetivo, variável em gênero e número. Do latim *auspicium* (que significa presságio) + oso. Equivale a: futuroso; promissor; próspero; esperançoso; alvissareiro.

AUSTERIDADE

❝ Substantivo feminino, variável em número. Trata-se de ter autodomínio, autocontrole, austereza. Com isso, a pessoa se mostra rígida, com rigor naquilo que acredita, com seriedade no que executa. Esse é, de fato, mais um traço do obstinado.

AUSTERO

❝ Adjetivo que varia em gênero e número. Seu sentido: severo; inflexível; supercilioso; grave; amargo; estrito; incomplacente.

AUSTINADO

❝ Adjetivo variável em gênero e número. Do latim *obstinatu*. Corresponde a: obstinado; incontrito; habituado; contumaz; teimoso.

AUTENTICIDADE

❝ Substantivo feminino, variável em número. Diz-se da pessoa que se mostra verdadeira no que faz; às suas ações é comum se atribuir fé.

AUTOCONCEITO

❝ Prefixo + substantivo. Flexível em número. Trata-se de um substantivo por justaposição. Seu valor semântico: percepção que alguém tem de si mesmo e o conceito que, com isso, constitui de si. Esse valor é imprescindível em um obstinado.

AUTOCONFIANÇA

❝ Substantivo feminino. Plural: autoconfianças. Auto + confiança. O mesmo que: segurança em si mesmo; certeza de suas próprias habilidades; aquele que atua com convicção de suas ações e conhecimentos.

AUTOCONHECIMENTO

❝ Prefixo seguido de substantivo. Sua carga semântica: conhecimento que alguém tem de si mesmo. Trata-se de uma investigação de suas próprias características, de suas particularidades e comportamentos.

AUTOCONTROLE

❝ Substantivo composto por justaposição. Sentido: habilidade de uma pessoa se dominar, ter controle de seus impulsos em circunstâncias diversas e, sobretudo, adversas.

AUTODIDATA

❝ Adjetivo empregado para ambos os gêneros. Designa pessoa com capacidade de aprender por conta própria, ou seja, sem a ajuda de um mentor ou professor.

AUTODOMÍNIO

❝ De auto + domínio. Trata-se de um substantivo composto. Pessoa que tem a faculdade de se utilizar do que lhe é próprio.

AUTOESTIMA

❝ Substantivo feminino. Variável em número. Significa a imagem que alguém tem de si; opinião pessoal advinda de suas experiências, emoções, crenças e comportamentos.

AUTOGOVERNAR-SE

❝ Verbo pronominal reflexivo. Carga semântica: autodisciplinar-se; autoconduzir-se; pessoa que se administra, tem controle próprio.

AUTONOMIA
> Substantivo variável em número. Equivale a ter habilidade de usar seus próprios meios para sua gestão pessoal.

AUTORIDADE
> Substantivo feminino que corresponde ao poder de ordenar, atuar, decidir, fazer.

AUTORREGULAÇÃO
> De auto + regulação. Corresponde a ter monitoramento próprio; habilidade em si monitorar; capacidade de gerir o controle de suas habilidades.

AVALIADOR
> De avaliar + dor. Trata-se de um substantivo variável em gênero e número. Valor semântico: pessoa capaz de avaliar com impessoalidade, reconhecendo importância e necessidades.

AVALIAR
> Verbo regular. 1ª pessoa do singular do presente do indicativo: eu avalio. A + valia + ar. O mesmo que: julgar; estimar; ponderar; medir; aquilatar; calcular.

AVANÇAR

Verbo pessoal de primeira conjugação. Equivale a: ter a habilidade de progressão; adiantar-se; saber mover-se em meio a circunstâncias e adversidades.

AVERSIA

Substantivo feminino. Plural: aversias. Equivale a: aversão; repugnância; abominação; azedume.

AVEZADO

Particípio passado do verbo avezar. Corresponde a: aviciado; austinado; habituado; aclimado.

ÁVIDO

Adjetivo variável em gênero e número. Trata-se de uma pessoa que vive ansiosamente uma expectativa; que deseja com intensidade, com ardor; que não sossega enquanto não tiver o domínio sobre a coisa sonhada.

B

BATER A META

Verbo seguido de seu complemento. Fixação comum de todo obstinado. As metas surgem de planejamentos para viabilizar crescimentos escalonados. Essas metas tornam o sonho possível e cada meta batida estimula escalas mais ousadas.

BENEMERENTE

Adjetivo de dois gêneros. Varia apenas em número. Merecedor de recompensas em virtude de serviços significativos prestados ou pela qualidade do trabalho que realiza.

BIRRA

Substantivo feminino. Varia apenas em número. Insistência de maneira obstinada em algo; teima; afincamento; casmurrice.

BIRRENTO
❝ Adjetivo variável em gênero e número. Embirrativo; teimoso; pertinaz; obstinado; aferrado; averso; cabeçudo.

BLINDAR
❝ Verbo regular. 1ª pessoa do singular do presente do indicativo: eu blindo. Corresponde a: proteger; couraçar; abroquelar; encoiraçar.

BOM-SENSO
❝ Substantivo masculino. Qualidade que reúne razão e sabedoria, caracterizando ações tomadas conforme regras, princípios ou costumes adequados em determinadas circunstâncias.

BRACEJAR
❝ Verbo regular. 1ª pessoa do singular do presente do indicativo: eu bracejo. Mover-se com os braços; aquele que debate, acredita e acena direcionamentos.

BRAMIR

Verbo regular. No presente do indicativo, não se tem a primeiro pessoa do singular (tu brames, ele brame, nós bramimos, vós bramis, eles bramem). Vociferar; soltar a voz; retumbar; esbravejar.

BRAVURA

Substantivo feminino, com flexão apenas em número. Aquele que é corajoso; pessoa que traz audácia em suas ações; pessoa arrojada.

BRIGUENTO

Adjetivo variável em gênero e número. Desaforado; atrevido; agressivo; rixoso; irascível em algumas reações.

BRITAR DIFICULDADES

Verbo seguido de seu substantivo. Ação de partir ou quebrar em pequenos pedaços obstáculos ou situações adversas; destroçar; picar; reduzir a escombros. Termo muito comum entre palestrantes.

BRUNIR BOAS IDEIAS

" Verbo regular seguido de seu complemento. Equivale a: polir; lustrar; dar brilho a ideias oportunas; apurar; aperfeiçoar ideias que nascem durante o trabalho.

BURILAR EXEMPLOS

" Verbo seguido de substantivo. Corresponde a: tornar mais apuradas concepções ou exemplos; aprimorar; acurar o que lhe chega às mãos.

BURRÃO

" Substantivo de uso popular. Valor semântico: emburrar-se; amuamento; aborrecimento; enfado; teimosia; turra; zanga.

CABEÇA-DURA

Substantivo composto formado por substantivo + adjetivo. Equivale a: obstinado; teimoso; caturra; ranzinza; turrão; turrista.

CABEÇUDO

Adjetivo variável em gênero e número. Significado: testudo; casmurro; opiniático; insistente; capitoso; tenaz.

CADIMO

Adjetivo variável em gênero e número. Equivale a: pessoa assídua; continuada; amiudada; contínua.

CALEJADO

Adjetivo que se flexiona em gênero e número. Aquele que tem experiência; conhecedor do que faz por largo tempo de prática.

CAPITOSO
Adjetivo variável em gênero e número. É o mesmo que: cabeçudo; presunçoso; teimoso; obstinado.

CAPRICHOSO
Adjetivo com flexão em gênero e número. Seu sentido: esmerado; contumaz; teimoso; casmurro; discricional; ferrado.

CASMURRICE
Substantivo feminino que se flexiona apenas em número. Corresponde a: afincamento e teimosia; caracteriza o indivíduo obstinado, fechado em si mesmo, sorumbático.

CASMURRO
Adjetivo variável em gênero e número. Seu sentido: obstinado; renitente; resistente; pertinaz; acérrimo; turrão.

CASTELHANO
Adjetivo variável em gênero e número. Carga semântica: cismático; esquisito; excêntrico; devaneador; apaixonado.

CATEGÓRICO

Adjetivo variável em gênero e número. Indivíduo taxativo; pessoa que não se permite discutir; pessoa delimitada, contundente, inapelável.

CATONISMO

Substantivo masculino. Varia em número apenas. Desabrimento; fortaleza; rudeza; rigo; austeridade.

CATURRAR

Verbo regular. Corresponde a: discutir e teimar com obstinação; ateimar; barrar; afincar.

CAUTELOSAMENTE

Advérbio. Invariável. Cautelos + mente. Corresponde a: cuidadosamente; prudentemente; prevenidamente; comedidamente; mesuradamente.

CAUTELOSO

Adjetivo, variável em gênero e número. Cautela + oso. O mesmo que: cauto; prudente; precatado; prevenido; cuidadoso; advertido; minucioso.

CAUTO
Adjetivo variável em gênero e número. Precatado; acautelado; advertido; dotado de cautela; prevenido.

CAVILOSO
Adjetivo flexionado em gênero e número. Corresponde à pessoa ardilosa, astuciosa, esperta, arguciosa.

CENREIRA
Substantivo feminino. Plural: cenreiras. Valor semântico: teimosia; qualidade de birrento; obstinação.

CENTRADO
Adjetivo variável em gênero e número. Significado: em posição central; em ponto de convergência; pessoa com equilíbrio emocional; indivíduo sensato.

CÉTICO
Adjetivo e substantivo masculino. Varia em gênero e número. Pessoa que duvida; descrente; indivíduo que costuma questionar as verdades absolutas ou popularmente aceitas.

CICATICE
Substantivo feminino. Varia apenas em número. Equivale a: caturrice; perrice; abundância.

CIRCUNFUSO DE CERTEZAS
Do latim *circumfusu*, cujo significado é: espalhado em volta. Corresponde a: cercado de certezas; rodeado de ideias fixas.

CIRCUNSPECÇÃO
Substantivo feminino. Seu plural: circunspecções. Do latim *circumspectio*. Corresponde a: precaução no falar e nas ações; autocontrole; autodomínio; austeridade; atitude de circunspecto.

CIRCUNSPECTO
Adjetivo, variável em gênero e número. Do latim *circumspectus*. Equivale a: acautelado; sisudo; prudente; discreto; judicioso; previdente; precavido.

CIRCUNSTANCIADO
Adjetivo em forma nominal do particípio regular. Varia em gênero e número. Minucioso; detalhado;

pormenorizado; pessoa continuamente acompanhada de circunstância.

CISMA
Substantivo de dois gêneros. Flexiona em número. Equivale a: ideia fixa; falta de acordo sobre algo; dissidência.

CISMADOR
Adjetivo e substantivo masculino, variável em gênero e número. Significado: sonhador; devaneador; meditativo; maníaco; pensabundo; abstrator; admirador.

CISMAR
Verbo regular. Cisma + ar. Equivale a: matinar; matutar; cogitar; meditar; duvidar; cuidar; suspeitar.

CISMÁTICO
Adjetivo e substantivo masculino. Variável em gênero e número. Valor semântico: imaginativo; cismativo; cogitativo; apreensivo; fantasioso; penseroso.

CLAREZA

Substantivo feminino, variável em número apenas. Equivale a: qualidade de quem tem um discurso inteligível; transparência no que fala ou nas ações.

COADJUVAÇÃO

Substantivo feminino. Varia apenas em número. Valor semântico: colaboração; ato ou efeito de coadjuvar, ou seja, cooperar.

COERÊNCIA

Substantivo feminino, variável apenas em número. Deriva do latim *cohaerentia*. Equivale a: ações harmônicas entre si; ideias relacionadas logicamente, sem contradições.

COLETOR

Adjetivo e substantivo masculino. Flexiona-se em gênero e número. Indivíduo com capacidade de apreender valores ou intenções durante seu trabalho ou em conversas; pessoa capaz de captar ou perceber significantes nas mais diversas situações e retê-los para suas reflexões ou uso pessoal.

COMBATENTE

> Adjetivo de dois gêneros; substantivo de dois gêneros. Plural: combatentes. O mesmo que: lidador; aguerrido; pugnador; pelejador; beligerante; campeador.

COM O ALVO NOS OLHOS

> Expressão composta de preposição + artigo + substantivo, seguido da locução adverbial "nos olhos". Equivale a estar focado; atento; em vigília para não se desviar do que planejou e do que aspira.

COMECE E TERMINE

> Expressão constituída por verbos no imperativo afirmativo, na 3ª pessoa do singular. Corresponde a: entregar-se por inteiro ao que aspira; manter-se firme em seus propósitos; finalizar seus projetos; concretizar o que foi sonhado e planejado.

COMEDIDO

> Adjetivo, variável em gênero e número. Particípio regular do verbo comedir. Equivale a: moderado; regrado; prudente; sensato; metódico.

COMEDIMENTO

Substantivo masculino, variável apenas em número. Valor semântico: postura moderada em virtude de exigentes circunstâncias, isto é, prudência. Uma pessoa obstinada se mostra prudente em suas ações, não agindo tempestivamente.

COMEDIR

Verbo regular e defectivo. No presente do indicativo, somente é conjugado na 1ª e na 2ª pessoa do plural: nós comedimos, vós comedis. Equivale a: coibir; moderar; temperar; bridar; represar; controlar.

COMPASSO

Substantivo masculino. Plural: compassos. Corresponde a: cadência; ritmo; regularidade; assiduidade; providência.

COMPATIBILIDADE

Substantivo feminino. Varia apenas em número. Equivale a: conformidade; combinação; faculdade de se unir a algo ou alguém em prol do funcionamento de projetos idealizados e postos sistemicamente em uso.

COMPETÊNCIA

Substantivo feminino. Varia apenas em número. Corresponde a: ter grande autoridade em determinada área; notabilidade; ser capaz de construir, compreender ou reconhecer o que, você, um obstinado, pretende alcançar; capacidade de harmonização entre coisas ou pessoas.

COMPETITIVO

Do latim *competitus*. Adjetivo que se flexiona em gênero e número. Valor semântico: estar em contínua busca por resultados melhores; ser determinado e proativo; buscar desafios e, estrategicamente, vencê-los.

COMPLACENTE

Adjetivo de dois gêneros. Plural: complacentes. Do latim *complacens, entis*. O mesmo que: benigno; transigente; condescendente; fléxil; maleável.

COMPLANAR SEUS SALTOS

Verbo do latim *complanare*, seguido de seu complemento. Carga semântica: tornar-se plano; habilidade de aplanar; remover óbices; vencer dificuldades.

COMPLEICIONADO

Adjetivo, variável em gênero e número. Compleição + ado. Equivale a: ter disposição de espírito; temperamento; inclinação.

COMPRESSÃO

Substantivo feminino. Seu plural: compressões. Faculdade de reduzir ou atenuar consequências ou dificuldades por meio de pressão; pressão que se exerce de modo estratégico para reduzir o volume de danos.

COMPROMETER-SE

Verbo regular. 1ª pessoa do singular do presente do indicativo: eu me comprometo. O mesmo que: empenhar-se; envolver-se; empenhorar-se; apalavrar-se.

COMPROMETIDO

Particípio do verbo comprometer, adjetivo variável em gênero e número. Equivale a: empenhado; envolvido; enredado a projetos e causas.

COMPROMETIMENTO

Substantivo masculino. Plural: comprometimentos. Comprometer + mento. Corresponde a: envolvimento; compromisso; responsabilização; enredamento.

COMPROMISSADO

Adjetivo, variável em gênero e número. Particípio regular do verbo compromissar. O mesmo que: comprometido; empenhado; enredado; incurso.

COMPULSÃO

Do latim *compulsio*. Substantivo feminino. Plural: compulsões. Significado: irresistível força interior que leva alguém a se manter em seus planejamentos, mostrando-se incansável e seguro na busca daquilo que tem como alvo.

CONCENTRAÇÃO

Substantivo feminino, variável em número. Acercamento; manutenção no foco; atenção a uma atividade; entrega ao que visa.

CONCENTRAR-SE

❝ Verbo regular na voz reflexiva. 1ª pessoa do singular do presente do indicativo: eu me concentro ou concentro-me (este último modo é mais formal). Corresponde a: centralizar; tornar mais forte; ajuntar-se; dedicar-se; congregar-se.

CONCLUIR

❝ Verbo irregular. 1ª pessoa do singular do presente do indicativo: eu concluo. Do latim *concludere*. O mesmo que: terminar; acabar; finalizar; perfazer; findar; arrematar.

CONDESCENDENTE

❝ Adjetivo de dois gêneros. Plural: condescendentes. Do latim *condescendens, entis*. Equivale a: tolerante; transigente; comprazedor; obsequente; aquiescente.

CONDUTOR

❝ Adjetivo e substantivo masculino. Variável em gênero e número. Equivale àquele que conduz; comandante; guia; dirigente.

CONEXÃO CONTÍNUA

❝ Substantivo feminino (do latim *connexio*) seguido de adjetivo. Significado: faculdade de construir nexos; embricar com frequência ideias ou fatos; reconhecer ou notar relações lógicas ou causais.

CONFIANÇA (em si mesmo)

❝ Substantivo derivado do verbo confiar + o sufixo ança. Carga semântica: lealdade aos seus pensamentos e concepções; crença no que concebe ou pensa; firmeza em si.

CONFLUÊNCIA

❝ Substantivo feminino, variável em número apenas. Do latim *confluentia*. Corresponde a: habilidade de se manter em convergência com o que foi planejado, mesmo com as naturais adversidades que surgem durante a execução.

CONFUTAR

❝ Verbo regular. 1ª pessoa do singular do presente do indicativo: eu confuto. Do latim *confutare*. Equivale a: contestar; refutar; contradizer; colidir; combater; opugnar.

CONGRUÊNCIA

Substantivo feminino. Plural: congruências. Do latim *congruentia, ae*. O mesmo que: congruidade; conformidade; anuência; conveniência.

CONHECER (além de você)

Verbo do latim *cognoscere*. Superar-se; sobrepujar-se; ir além de si; não se limitar ou não se prender a suas finitudes.

CONHECIMENTO (específico)

Substantivo masculino. Varia apenas em número. Conhecer + mento. Equivale a: ter bagagem; ter experiência; ter informação sobre determinada área (o adjetivo "específico" restringe o substantivo); ter detalhado saber sobre algo.

CONHECER-SE

Verbo pronominal na voz reflexiva. Seu pronome enclítico SE é o próprio complemento verbal (objeto direto). Corresponde a: ter autoconhecimento. A prática de se questionar e de refletir garante controle sobre as próprias emoções.

CONQUISTAR

Verbo regular. 1ª pessoa do singular do presente do indicativo: eu conquisto. Equivale a: ganhar; alcançar; vencer; superar.

CONSCIENTE

Adjetivo de dois gêneros e substantivo masculino. Do latim *consciens*. Significado: faculdade de pensar, desejar e perceber; habilidade de se advertir, de se acautelar.

CONSELHEIRO

Adjetivo, variável em gênero e número; substantivo variável em gênero e número. Do latim *consiliarus, a, um*. Equivale a: consultor; aconselhador; assessor; assistente.

CONSISTÊNCIA

Do latim *consistentia*. Substantivo feminino, variável em número apenas. Valor semântico: firmeza; resistência; estabilidade; ter densidade.

CONSPECÇÃO

" Substantivo feminino, variável em número apenas. Corresponde a: seriedade; circunspecção; aquele que sabe quando deve se reservar.

CONSTÂNCIA

" Substantivo feminino, variável em número apenas. Do latim *constantia*. Qualidade de quem não falta a um compromisso; tem assiduidade, insistência, obstinação e persistência.

CONSTANTE

" Adjetivo de dois gêneros e substantivo feminino, variável apenas em número. Do latim *constans, antis*. Equivale a: persistente; invariável; porfioso; contínuo; fixo.

CONSUETUDINÁRIO

" Adjetivo variável em gênero e número. Do latim *consuetudinarius*. Corresponde a: habitualidade, repetição de ações; aquele que se orienta pelo costumeiro, isto é, pelos hábitos da sociedade. Uma pessoa que está fundada nos costumes e nas práticas.

CONTEMPLAÇÃO

Substantivo feminino. Plural: contemplações. Corresponde a: observação contínua; prudência; abismamento; reflexão; apreço.

CONTEMPLADOR

Adjetivo e substantivo. Variável em gênero e número. Do latim *contemplatore*. Equivale a: pessoa que sabe observar; espectador paciente e inteligente de ações, modismos, pessoas. Trata-se de alguém que sabe espreitar, sendo um autêntico inspetor da vida em sua estrutura sistêmica. O obstinado tem essa habilidade no olhar.

CONTESTAÇÃO

Substantivo feminino. Plural: contestações. Do latim *contestatio, onis*. Equivale a: impugnação; objecção; confutação; contradita.

CONTESTADOR

Adjetivo e substantivo masculino. Do verbo contestar + sufixo dor. Valor semântico: aquele que protesta; aquele que nega; antagonista; competidor; contendor.

CONTESTAR

Verbo regular. Do latim *contestare*. Corresponde a: arguir; pleitear; porfiar; combater; discutir; querelar; contender.

CONTINÊNCIA

Substantivo feminino. Varia em número apenas. Seu valor semântico: moderação nas palavras e nas ações; abstenção em determinadas circunstâncias por estratégia e inteligência.

CONTINUAÇÃO

Substantivo feminino. Plural: continuações. Do latim *continuatio, onis*. Corresponde a: prosseguimento; decurso; sucessão; encadeamento; constância.

CONTINUIDADE

Substantivo feminino. Plural: continuidades. Do latim *continuitas, atis*. Equivale a: ininterrupção; permanência; constância; durabilidade; perseverança; além-mundo.

CONTÍNUO

❝ Adjetivo, variável em gênero e número. Do latim *continuus, a, um*. O mesmo que: incessante; constante; consecutivo; imutável; incessável.

CONTRAVERTER

❝ Verbo regular. Contra + verter. Equivale a: inverter; voltar para o lado oposto; pôr em sentido contrário; inverter.

CONSTRUIR HORAS, TEMPO

❝ Verbo do latim *construire* seguido de substantivos que o complementa (objeto direto). Valor semântico: habilidade de fluir no uso das horas de trabalho, sabendo como se utilizar do tempo de que dispõe.

CONSTRUIR-SE

❝ Verbo pronominal na voz reflexiva. Equivale a: ter progressão contínua; formar-se em gradação dia a dia; edificar-se sistemicamente; elevar-se exponencialmente por meio de perspicácia e inteligência psicossocial.

CONTEMPORIZAR

Verbo regular. 1ª pessoa do singular do presente do indicativo: eu contemporizo. Com + temporizar. Corresponde a: compactuar; ser tolerante; abonançar.

CONTUMÁCIA

Substantivo feminino, variável apenas em número. Do latim *contumácia*. Equivale a: insistência, teimosia, extrema obstinação. Uma pessoa com postura altiva diante de seus propósitos.

CONTUMAZ

Adjetivo de dois gêneros e substantivo de dois gêneros. Do latim *contumax, acis*. Equivale a: obstinado; pertinaz; renitente; tenaz; casmurro.

CONVICÇÃO

Substantivo feminino, variável em número. Do latim *convictio, onis*. Carga semântica: opinião firme a respeito de algo; convencimento baseado em provas ou razões irrefutáveis.

COPADO (de ideias fortalecidas)

❝ Adjetivo advindo do particípio do verbo copar. O termo, seguido da expressão entre parênteses, equivale a: ramoso, cerrado, copudo, denso de concepções imponderáveis, com provas que se fortalecem mais e mais em meio a circunstâncias adversas.

CORAGEM (de se expor)

❝ Substantivo feminino vindo do francês *courage*. É variável em número. Também é uma interjeição. Corresponde a: bravura; intrepidez perante todos; moral forte a olhos vistos.

CORAJOSO

❝ Adjetivo, variável em gênero e número. Do francês *courageux*. O mesmo que: destemido; valente; afoito; ousado; andacioso; arrojado; intrépido.

CORRER (com disciplina)

❝ Verbo regular. A pessoa obstinada toma essa expressão em seu sentido figurado. Equivale a: deslocar-se com a sabedoria necessária; não perder tempo e agir com inteligência e vigor; saber dar os passos certos.

CREADOR

Substantivo masculino. Do latim *creatore*. Corresponde a: fecundo; aquele que dá o ser; inventivo. Em língua portuguesa, a palavra é escrita com i: criador. Mas, nos diálogos de Platão, enquanto o criador dá sequência ao que foi criado, o creador é o que apresenta a primeira criação, é o responsável pela invenção.

CREDOR

Substantivo masculino e adjetivo, variável em gênero e número. Do latim *creditor, oris*. Equivale a: digno; merecedor; quem faz jus a algo.

CRESCER

Verbo regular. 1ª pessoa do singular do presente do indicativo: eu cresço. Do latim *crescere*. O mesmo que: avançar; desenvolver-se; agigantar-se; evoluir.

CRESCIMENTO

Substantivo masculino, variável em número, apenas. Deriva do verbo crescer + mento. Valor semântico: expansivo; multiplicador; evolutivo; aquele que continuamente está somando ou quantificando o que planeja.

CRIATIVIDADE

❝ Substantivo feminino, variável apenas em número. Corresponde a: capacidade de um indivíduo criar, imaginar, inventar, produzir conceitos e coisas inéditas.

CRITERIOSO

❝ Adjetivo, variável em gênero e número. Corresponde a: ajuizado; assisado; seguro; aquele que se vale de critérios.

CUIDAR

❝ Verbo regular. 1ª pessoa do singular do presente do indicativo: eu cuido. Do latim *cogitare*. Equivale a: guardar; resguardar; garantir; considerar.

CULTIVAR-SE

❝ Verbo pronominal na voz reflexiva. Equivale a: instruir-se; aperfeiçoar-se; edificar-se; formar-se; preparar-se dia a dia.

CUMPRIR (a palavra)

Verbo regular seguido de seu complemento (objeto direto). Do latim *complere*. Equivale a: fazer ou executar o que havia sido previamente estabelecido. Obstinados honram a palavra dada.

D

DECIDIR MUDAR DE VIDA

❝ Verbo regular, seguido de complemento verbal oracional. Equivale a: quebrar rotinas; ter a iniciativa de quebrar paradigmas; o obstinado está continuamente partindo para cumprir planejamentos de sonhos grandes, negando-se a ser um ponto fixo.

DECOLAR

❝ Verbo regular. Equivale a: tomar a iniciativa de concretizar o que foi planejado; sair do papel e começar a dar voo ao sonho planejado.

DEDICAÇÃO EXCESSIVA

❝ Substantivo feminino, variável em número apenas. Do latim *dedicatio, onis*. Seguido do adjetivo excessiva, significa: devotamento; entrega; sacrifício; apreço; capricho.

DEDUÇÃO

Substantivo feminino, variável em número (deduções). Do latim *deductio, onis*. Seu significado: ilação; inferência lógica de um raciocínio. As pessoas obstinadas se alicerçam bastante em ilações lógicas.

DEFLUENTE (de suas convicções)

Adjetivo de dois gêneros e substantivo masculino. Seu plural: defluentes. Ato ou efeito de influir; decurso; sucessão.

DELIBERAÇÃO

Substantivo feminino, originado do latim *deliberatio, onis*. Varia em número (deliberações). Saber debater algum impasse existente; disposição para planejar ou resolver um problema ocorrido; certeza em suas reflexões para a solução de dificuldades.

DEMORAR

Verbo regular. 1ª pessoa do singular do presente do indicativo: eu demoro. Do latim *demorare*. Equivale a: prorrogar; alongar; entravar; temporizar.

DENEGAÇÃO

> Do latim *denegatio, onis*. Substantivo feminino, variável em número (denegações). Contestação; desabonação; desaprovação; recusa em reconhecer uma alegação ou argumento alheio.

DENEGAR

> Verbo regular. 1ª pessoa do singular do presente do indicativo: eu denego. Do latim *denegare*. Corresponde a: arrenegar; recusar; negar; desatender; resistir; bloquear; inibir.

DENODO

> Substantivo masculino, variável em número. Derivação regressiva do verbo denodar. Equivale a: coragem; impavidez; arrojo; intrepidez; atrevimento.

DENSO

> Adjetivo vindo do latim *densus, a, um*. Flexiona-se em gênero e número. Corresponde a: abundante; copado; consistente; ramoso; cerrado; espesso.

DESABALADO

❝ Adjetivo variável em gênero e número. Flexão do verbo desabalar na forma nominal do particípio. Corresponde a: veloz; precipitado; descomedido; pessoa com movimento desembestado, ou seja, suas ações e ideias estão sempre à frente.

DESABRIR-SE

❝ Verbo regular. 1ª pessoa do singular do presente do indicativo: eu desabro. Equivale a: ficar irritado; arrenegar-se; desavir; desarmonizar.

DESACOLHER

❝ Verbo regular. 1ª pessoa do singular do presente do indicativo: eu desacolho. Prefixo des + acolher. O mesmo que: repelir; rejeitar; excluir; expulsar; arrenegar.

DESAFEIÇOADO

❝ Adjetivo, variável em gênero e número. Particípio regular do verbo desafeiçoar. Equivale a: hostil; oposto; conflitante; adversor.

DESAGRADÁVEL

Adjetivo de dois gêneros. Plural: desagradáveis. Desagradar + vel. Corresponde a: desaprazível; arisco; repelente; repulsivo.

DESAPEGAR

Verbo regular, constituído do prefixo des + pegar. Equivale a: ser capaz de perder o envolvimento, o compromisso; ter a habilidade de se afastar de algo no momento oportuno; desafeiçoar-se de algo antes bastante oportuno.

DESBRAVADOR

Adjetivo, variável em gênero e número. Também é um substantivo. Desbravar + dor. O mesmo que: arroteador; aquele que explora, descobre; pioneiro.

DESCOCADO

Adjetivo, variável em gênero e número. Equivale a: abusado; arrebitado; audaz; imodesto.

DESCOMEDIDO

❝ Particípio do verbo descomedir. Varia em gênero e número. Seu sentido: em meio a circunstâncias que justifiquem o não comedimento, o obstinado não hesita em se mostrar inconveniente, aparentemente desajuizado, imoderado. Tudo isso levado por uma força interior de não fugir ou se distanciar de suas metas, de seus planejamentos.

DESCONFIANÇA

❝ Substantivo feminino, variável em número. Surge de desconfiar + ança. Equivale a: disposição de espírito que leva o obstinado a não confiar nos outros; vigília contínua por não confiar por inteiro nos movimentos que o cercam.

DESEMBARAÇO

❝ Substantivo masculino. Plural: desembaraços. Forma regressiva de desembaraçar. O mesmo que: agilidade; prontidão; ousadia; diligência; ligeireza; dinamismo; fidúcia.

DESEJO

Do latim *desedium*. Substantivo masculino, que varia em número. Seu significado: vontade; expectativa de alcançar ou possuir algo; aspiração excessiva.

DESEMBARAÇADO

Adjetivo que varia em gênero e número. Trata-se do particípio do verbo desembaraçar. Corresponde a: desimpedimento; destimidez; confiança; característica de quem se comunica de modo fácil, com desenvoltura.

DESENTERRAR DONS

Verbo regular seguido de seu complemento (objeto direto). No contexto, corresponde a ter a habilidade de reconhecer dons e fazer sua emersão; olhar atento para as pessoas, de modo a lhes proporcionar oportunidades relevantes de mostrar em seu talento.

DESENTIBIAR

Verbo regular. 1ª pessoa do singular do presente do indicativo: eu desentibio. Des + entibiar. O mesmo que: fortificar; animar; revigorar; refazer; endurecer; enrijecer.

DESFANATIZAR
❝ Verbo regular. 1ª pessoa do singular do presente do indicativo: eu desfanatizo. Prefixo des + fanatizar. Equivale a: deixar de ser fanático; aquele que aprende a não ir por fanatismo.

DESINCLINAÇÃO
❝ Substantivo feminino, variável em número. Sua carga semântica: alteração de disposição ou tendência; aprumo do que estava torto; endireitar; desentortar; alinhar o que antes se mostrava desregulado.

DESISTIR DE DESISTIR
❝ Verbo transitivo indireto seguido de seu complemento (objeto indireto). No contexto: perseverança diante de adversidades; distanciar-se do desejo de desistência; ter energia o bastante para reagir a desestímulos ou desistências.

DESMEDIR-SE
❝ Verbo irregular e pronominal na voz reflexiva. 1ª pessoa do singular do presente do indicativo: eu me desmeço ou desmeço-me. Equivale a:

exceder-se; abundar-se; circunfluir-se; desatremar-se; destemperar-se.

DESPERTAR
Verbo regular. 1ª pessoa do singular do presente do indicativo: eu desperto. Corresponde a: aguçar; entusiasmar; excitar; acalorar; eriçar; sacudir; influir.

DESTEMEROSO
Adjetivo, variável em gênero e número. O mesmo que: destemido; aguerrido; animoso; valente.

DESTEMIDO
Adjetivo na forma nominal do particípio. Varia em gênero e número. Corresponde a: audaz; animoso; afoito; bravo; ousado; arrojado; impávido; intimorato.

DESTERIDADE
Substantivo feminino. Plural: desteridades. Do latim *dexteritate*. Equivale a: destreza; agilidade; habilidade; jeito; perícia; engenho; maestria.

DESTRAVADO
> Adjetivo, variável em gênero e número. Particípio regular do verbo destravar. Equivale a: desenfreado; atrevido; desentravado.

DESTRAVAR A MINHA CABEÇA
> Verbo regular seguido de seu complemento (objeto direto). Seu sentido: abrir-se; desbrecar seus pensamentos; desobstruir-se; desimpedir-se.

DESTREZA
> Substantivo feminino, que se flexiona em número (destrezas). Vem de destro + eza. Seu significado: agilidade; perícia; desteridade; proficiência; fluidez; desteridade.

DESUNHAR
> Verbo regular. 1ª pessoa do singular do presente do indicativo: eu desunho. Des + unha + ar. Equivale a: afadigar; afrontar; cansar; enfastiar; importunar.

DETALHAMENTO
> Substantivo masculino, variável em número. Carga semântica: pormenorização; aprofundamento; expensão; esmiuçamento; afincamento; perscrutação.

DETERMINAÇÃO

Substantivo feminino. Plural: determinações. Corresponde a: resolução; firmeza; disposição; preceito; arbítrio.

DETERMINADO

Adjetivo variável em gênero e número. Forma nominal do particípio. Do latim *determinatus, a, um*. Corresponde a: definidor; concludente; convincente; categórico; decretório; frisante.

DEVOTADO

Adjetivo, variável em gênero e número. Do latim *devotatus, a, um*. Equivale a: dedicado, absorto, entranhado, abnegado, arraigado.

DIALÓGICO

Adjetivo que se flexiona em gênero e número. Corresponde a: dialogal; dialogístico; aberto a argumentações com outros; discursivo.

DIAMANTINO

Adjetivo, variável em gênero e número. Equivale a: precioso; firme; quantioso; influente.

DILIGÊNCIA

❝ Substantivo feminino. Plural: diligências. Do latim *diligenti, a, ae*. Equivale a: agilidade; empenho; rapidez; presteza.

DILIGENTE

❝ Adjetivo de dois gêneros, variável em número. Do latim *diligens, e, ntis*. Equivale a: rápido; aquele que tem prontidão; ligeiro; pessoa ativa.

DIRECIONAR

❝ Verbo regular. Corresponde a: encaminhar; conduzir; servir de bússola; reger; capitanear; ser a estrada; rumar.

DISCIPLINADO

❝ Adjetivo na forma nominal do particípio, variável em gênero e número. Do latim *disciplinatus, a, um*. Equivale a: aprontado; aparelhado; bem-ouvido; conjuntivo.

DISCIPLINAR

❝ Adjetivo de dois gêneros. Plural: disciplinares. Verbo regular. Do latim *disciplinare*. 1ª pessoa do singular do presente do indicativo: eu disciplino. Equivale a: instituir; habilitar; educar; formar.

DISCRIÇÃO

Substantivo feminino, variável em número. Corresponde a: prudência; sigilo; circunspecção; siso; precaução.

DISPARAR (na frente)

Verbo regular. 1ª pessoa do singular do presente do indicativo: eu disparo. Do latim *disparare*. O mesmo que, no sentido figurado: correr deixando poeira na estrada; impulsionar-se à frente dos demais.

DISPOSIÇÃO

Substantivo feminino. Plural: disposições. Do latim *dispositivo, onis*. Equivale a: ânimo; predisposição; propensão; inclinação a.

DISPUTANTE

Adjetivo de dois gêneros; substantivo de dois gêneros. Plural: disputantes. Do latim *disputante*. O mesmo que: disputador; questionador; litigante.

DISSENTIR

Verbo regular. 1ª pessoa do singular do presente do indicativo: eu dissento. Corresponde a: discordar; discrepar; implicar; diferir; desavir; desrotular.

DOMADOR

Adjetivo e substantivo masculino. Varia em gênero e número. Do latim *domator, oris*. Corresponde a: amestrador; disciplinador; enfreador; domesticador.

DOMINADOR

Substantivo masculino, variável em gênero e número. Também se trata de um adjetivo. Do latim *dominator, oris*. Equivale a: senhoreador; conquistador; prepotente; imperioso; autonômico; dominativo.

DOMINAR

Verbo regular. 1ª pessoa do singular do presente do indicativo: eu domino. Corresponde a: coibir; domar; rebater; ter o controle; conter; comedir; embridar; frear.

DUCTILIDADE

Substantivo feminino, variável em número (ductilidades). Surge de dúctil + (i) + dade. Seu sentido: maleabilidade expressiva durante o processo ou a dinâmica de projetos e planos.

DURAZ

Adjetivo de dois gêneros. Plural: durazes. Do latim *duracinu*. Equivale a: rijo; durázio; enérgico; severo; resistente.

DUREZA

Substantivo feminino, variável em número. Carga semântica: austeridade; acerbidade; firmeza; rijeza; severidade.

E

EBULITIVO
Adjetivo variável em gênero e número. Do latim *ebulitum*. O mesmo que: pessoa inquieta, agitada, que está em contínua ação.

EBURNAÇÃO
Substantivo feminino. Plural: eburnações. Ebúrn + ação. Equivale a: eburnificação; pessoa cada vez mais dura, compacta, firme.

EDIFICADOR
Adjetivo e substantivo masculino. Variável em número e pessoa. Equivale a: construtivo; edificante; instrutivo; doutrinal; apóstolo.

EDUCAR
Verbo regular. Do latim *educare*. 1ª pessoa do singular do presente do indicativo: eu educo. Corresponde

a: instruir; ensinar; prelecionar; doutrinar; catequizar; polir; amestrar; capacitar; nutrir.

EFERVESCÊNCIA

Adjetivo de dois gêneros. Varia apenas em número. Do latim *effervescens, entis*. Corresponde a: excitação; exaltação; fervência; afogueamento; brilho.

EFETIVAR

Verbo regular. 1ª pessoa do singular do presente do indicativo: eu efetivo. Efetivo + ar. Equivale a: concretizar; realizar; consumar; executar.

EGOTISMO

Substantivo masculino. Plural: egotismos. Equivale a: aspecto daquele que geralmente conduz para si a atenção; tem amor exagerado pela própria personalidade; dá excessiva importância a si.

EMBIRRANTE

Adjetivo e substantivo de dois gêneros. Plural: embirrantes. Equivale a: aferrado; obstinado; embirrento; pertinaz; cabeçudo.

EMBIRRAR
Verbo regular. 1ª pessoa do singular do presente do indicativo: eu embirro. Equivale a: insistir com obstinação; teimar; implicar.

EMBIRRENTO
Adjetivo variável em gênero e número. Corresponde a: teimoso; embirrativo; obstinado; aferrado.

EMINENTE
Adjetivo de dois gêneros. Varia apenas em número. Do latim *eminens, entis*. Equivale a: superior; exímio; excelente; insigne; conspícuo; abalizado.

EMPATIA
Substantivo feminino. Plural: empatias. Do grego *empátheia*. Corresponde a: colocar-se no lugar do outro; aptidão para se identificar com o outro; depreender o significado.

EMPEDERNIMENTO
Substantivo masculino, variável em número. Carga semântica: petrificar; tornar-se como pedra; ficar insensível ou cruel.

EMPENHADO

❝ Adjetivo variável em gênero e número: empenhado, empenhada, empenhados, empenhadas. Equivale a: comprometido; arregaçado; compromissado; operado.

EMPEPINAR

❝ Verbo regular. 1ª pessoa do singular do presente do indicativo: eu empepino. Equivale a: tornar-se duro; enresinado; rijo; firme.

EMPERRAMENTO

❝ Substantivo masculino, variável em número. Corresponde a: entrave; encravação; embargamento; emalhetamento.

EMPERRO

❝ Substantivo masculino. Varia em número apenas. Derivação regressiva de emperrar. Significado: cravação; travação; engaste; incrustação.

EMPOLGAÇÃO

❝ Substantivo feminino. Plural: empolgações. Empolgar + ação. Corresponde a: impulso; entusiasmo; arrebatamento; êxtase.

EMPOLGADO

Adjetivo, variável em gênero e número. Particípio regular de empolgar. Equivale a: entusiasmado; aceso; animado; estimulado; afogueado.

EMPREENDER

Verbo regular. 1ª pessoa do singular do presente do indicativo: eu empreendo. Do latim *impraehendare*. O mesmo que: fazer; construir; edificar; deliberar; intentar.

EMULADOR

Adjetivo e substantivo masculino. Varia em gênero e número. Emular + dor. Corresponde a: aquele que procura se emparelhar; que se esforça para concretizar seus objetivos.

ENCABEÇAR

Verbo regular. 1ª pessoa do singular do presente do indicativo: eu encabeço. O mesmo que: comandar; chefiar; dirigir; gerir; liderar; planejar sonhos grandes; conduzir; reger.

ENCABRUADO

Adjetivo, variável em gênero e número. O mesmo que: teimoso; pertinaz; obstinado; contumaz; resistente.

ENCANZINADO

Adjetivo variável em gênero e número. Particípio regular do verbo encanzinar. O mesmo que: colérico; bravo; enraivado; exacerbado; furibundo.

ENCAPRICHAR-SE

Verbo regular na voz reflexiva. Equivale a: esmerar-se; aperfeiçoar-se; instruir-se; dedicar-se.

ENCARAR

Verbo regular. 1ª pessoa do singular do presente do indicativo: eu encaro. Ação de defrontar; arrostar; entestar; alvissarar; contrastar; desafiar.

ENCASQUETAR-SE

Verbo regular e pronominal na voz reflexiva. 1ª pessoa do singular do presente do indicativo: eu me encasqueto (informal quanto à colocação pronominal) ou encasqueto-me (formal quanto à topologia pronominal). Corresponde a: aferrenhar-se; fincar-se; obstinar-se; caturrar-se; aferrar-se.

ENCANZINADO

Adjetivo no particípio do verbo encanzinar. Valor semântico: colérico; embravecido; azedado; iracundo; obstinado; teimoso.

ENCARNIÇADO

Adjetivo variável em gênero e número. Particípio regular do verbo encarniçar. O mesmo que: feroz; cruel; cruento; renhido.

ENCETAR

Verbo regular. 1ª pessoa do singular do presente do indicativo: eu enceto. Do latim *inceptare*. Corresponde a: principiar; estrear; inchar; iniciar; desflorar.

ENCIMAR

Verbo regular. 1ª pessoa do singular do presente do indicativo: eu encimo. Seu sentido: encontrar-se acima de; ser eminente ou estar eminente; encumear; arrematar.

ENDURADO

Adjetivo vindo do particípio de endurar. Corresponde a: enrijecido; cauterizado; couraçado; coscorado; endurecido; calejado.

ENERGIA

Substantivo feminino. Plural: energias. Do francês *énergie*. O mesmo que: força capaz de trazer ação, realização de sonhos planejados; dinamismo; fortaleza; diligência.

ENÉRGICO

Adjetivo que varia em gênero e número: enérgico, enérgica, enérgicos, enérgicas. Equivale a: vigoroso; intenso; potente; rijo; varonil; viril.

ENFINCAR

Verbo regular. 1ª pessoa do singular do presente do indicativo: eu enfinco. Em + fincar. O mesmo que: fixar; cravar; afincar; enraizar; prender; caturrar; aferrar.

ENGENHOSO
Adjetivo variável em gênero e número. Corresponde a: habilidoso; inventivo; talentoso; proficiente; fecundo; dedáleo.

ENJEITAMENTO
Substantivo masculino. Plural: enjeitamentos. Enjeitar + mento. O mesmo que: rejeição; arrenegação; reprovação; abjuração; repúdio; negação.

ENJEITAR
Verbo regular. 1ª pessoa do singular do presente do indicativo: eu enjeito. O mesmo que: rejeitar; repelir; repudiar; preterir; refusar; resistir; opor.

ENRAIZAR
Verbo regular. 1ª pessoa do singular do presente do indicativo: eu enraízo. Em + raiz + ar. Corresponde a: fixar profundamente; entranhar; afincar.

ENRIJAR
Verbo regular. 1ª pessoa do singular do presente do indicativo: eu enrijo. Em + rij(o) + ar. Corresponde a:

petrificar; endurecer; fortificar; retemperar; revigorar; vigorizar.

ENSINÁVEL

Adjetivo de dois gêneros. Plural: ensináveis. Ensinar + vel. O mesmo que: aquele que está aberto a instruções; aquele que é receptivo ao conhecimento e à aprendizagem.

ENTESAR

Verbo regular. 1ª pessoa do singular do presente do indicativo: eu enteso. Equivale a: empeiticar; porfiar; renitir; recalcitrar; teimar; encasquetar.

ENTRANHADO

Adjetivo variável em gênero e número. Particípio regular do verbo entranhar. O mesmo que: arraigado; profundo; devotado; inveterado; extremo.

ENTUSIASTA

Adjetivo de dois gêneros e substantivo de dois gêneros. Plural: entusiastas. Do francês *enthousiaste*. Equivale a: exageradamente dedicado a algo;

aquele que está tomado de arrebatamento por sonhos e planos.

ENVOLVER-SE

Verbo regular e pronominal na voz reflexiva. 1ª pessoa do singular do presente do indicativo: eu me envolvo (informal) ou envolvo-me (formal quanto à colocação pronominal). Corresponde a: comprometer-se; compromissar-se; implicar-se.

ENVOLVIMENTO

Substantivo masculino. Plural: envolvimentos. Envolver + mento. Equivale a: comprometimento; implicação; enredamento; enleio.

ESCALABILIDADE

Substantivo feminino. Varia em número. Equivale a: capacidade de ascender em seus desempenhos; gradação de ascensão ao que se está promovendo.

ESCOLADO

Adjetivo variável em gênero e número. Carga semântica: sabido; detentor de conhecimento e experiência; escolástico; entendedor; astucioso.

ESMERO

> Substantivo masculino. Varia em número. Forma regressiva de esmerar. Equivale a: refinamento; aquele que apura seus resultados ou sua produção; perfeição; cuidado extremo no que realiza.

ESPARTANO

> Adjetivo variável em gênero e número: espartano, espartana, espartanos, espartanas. Do latim *spartanus, a, um.* Equivale a: austero; sério; inexorável; rigoroso.

ESPECIALISTA

> Adjetivo de dois gêneros e substantivo de dois gêneros. Plural: especialistas. Especial + ista. Equivale a: experto; *expert*; experiente; versado; entendedor; magíster.

ESPERANÇAR

> Verbo regular. 1ª pessoa do singular do presente do indicativo: eu esperanço. Esperançar + ar. O mesmo que: animar; incentivar; encorajar; aguçar; avivar.

ESPONTANEIDADE

Substantivo feminino. Varia em número. Corresponde a: voluntariedade; fluidez; arbítrio; despretensão.

ESQUIPAÇÃO

Substantivo feminino. Plural: esquipações. Corresponde a: habilidade em se equipar com tudo o que for necessário para fazer algo; aparelhar-se.

ESQUIVO

Adjetivo variável em gênero e número. O mesmo que: arisco; fugidio; esgueiriço; arredio; areento.

ESTABELECER

Verbo regular. 1ª pessoa do singular do presente do indicativo: eu estabeleço. Do latim *stabiliscere*. O mesmo que: firmar; determinar; estipular; determinar.

ESTABILIDADE

Substantivo feminino. Plural: estabilidades. Do latim *stabilitas, atis*. Equivale a: consistência; equilíbrio; determinação; fortaleza; fixidade; persistência.

ESTEMADO
Adjetivo masculino. Plural: estemados. Equivale a: guarnecido; moldurado.

ESTIMAÇÃO
Substantivo feminino. Equivale a: apreço; valia; importância; discernimento; mérito; préstimo; valimento.

ESTOICO
Adjetivo e substantivo masculino. Varia em gênero e número. Corresponde a: austero; imperturbável.

ESTRATÉGICO
Adjetivo e substantivo masculino. Do grego *strategikós*. Varia em gênero e número. Equivale a: hábil; astucioso; capaz; competente; fementido; proficiente.

ESTRÊNUO
Adjetivo variável em gênero e número. Carga semântica: corajoso; animoso; forte; intrépido; ousado.

ESTREPITOSO

Adjetivo, variável em gênero e número: estrepitoso, estrepitosa, estrepitosos, estrepitosas. Corresponde a: o que causa relevante efeito; ostentoso.

ESTRITO

Adjetivo variável em gênero e número. Do latim *strictus, a, um*. Equivale a: rigoroso; severo; determinado; preciso; estreito; exigente.

ESTRO

Substantivo masculino. Plural: estros. Do latim *oestrus, i*. Equivale a: gênio criador; inspirador; riqueza de criação.

ESTUANTE

Adjetivo de dois gêneros. Plural: estuantes. Corresponde a: ardente; escaldante; que agita ou ferve tudo em volta.

ESTURRADO

Adjetivo e substantivo masculino. Particípio do verbo esturrar. Varia em gênero e número. Radical; férreo; intolerante; acirrado; obstinado; intransigente.

ÉTICA

Substantivo feminino. Varia em número. Do latim *ethica, ae*. Carga semântica: virtude; compunção; asseveração; moralidade.

ESPECIALIZAR-SE

Verbo regular. Voz reflexiva. 1ª pessoa do singular do presente do indicativo: eu me especializo. Quanto à colocação pronominal, a maneira formal é: especializo-me. Especial + izar. Equivale a: pormenorizar-se; avantajar-se; singularizar-se; especificar-se.

EXPROBAÇÃO

Substantivo feminino. Plural: exprobações. Do latim *exprobatio, onis*. Equivale a: censura; repreensão; animadversão; reprimenda.

EUTIMIA

Substantivo feminino. Plural: eutimias. O mesmo que: serenidade; sossego; pessoa que traz tranquilidade de espírito.

EVIDÊNCIA

Substantivo feminino, variável em número. Do latim *evidentia, ae*. Equivale a: realce; distinção; relevo; discernimento; projeção; superioridade.

EVITAÇÃO

Substantivo feminino. Plural: evitações. Do latim *evitatio, onis*. Corresponde a: denegação; contestação; furtadela; esquivança.

EVITERNIDADE

Substantivo feminino. Plural: eviternidades. Equivale a: sempiternidade; constância; continuidade; perenidade.

EVOLUIR

Verbo regular. Do latim *évoluer*. 1ª pessoa do singular do presente do indicativo: eu evoluo. O mesmo que: avançar; progredir; adiantar; desenvolver; proceder.

EVOLVER

Verbo regular. 1ª pessoa do singular do presente do indicativo: eu evolvo. Equivale a: progredir; desenvolver; evolucionar; avançar.

EXATIDÃO
Substantivo feminino. Plural: exatidões. Carga semântica: pontualidade; rigorismo; acerbidade; justeza; precisão.

EXCELÊNCIA
Substantivo feminino. Plural: excelências. Corresponde a: preeminência; primazia; elevação; excelsitude; pujança; magnanimidade.

EXCELSO
Adjetivo variável em gênero e número. Corresponde a: estupendo; assombroso; espantoso; portentoso; mirífico.

EXCEPCIONAL
Adjetivo de dois gêneros e substantivo de dois gêneros. Do latim *exceptionnel*. Plural: excepcionais. Corresponde a: fenomenal; raro; exceptivo; insólito; extremado; invulgar.

EXCESSIVO
Adjetivo variável em gênero e número: excessivo, excessiva, excessivos, excessivas. Equivale a: demasiado; descomedido; imódico; exorbitante.

EXCITATIVO
Adjetivo variável em gênero e número. Valor semântico: activante; aguçador; exasperante; cativante; catalisador.

EXCOGITAR
Verbo regular. 1ª pessoa do singular do presente do indicativo: eu excogito. Corresponde a: imaginar; discorrer; especular; reflexionar; engenhar; criar.

EXCURSIONISTA
Adjetivo de dois gêneros e substantivo de dois gêneros. Plural: excursionistas. Equivale a: divagador; excursor; digressionista; ludâmbulo.

EXECUTOR
Adjetivo e substantivo masculino. Varia em gênero e número. Equivale a: cumpridor; efectuador; realizador; verdugo; apregoador.

EXEGETA
Substantivo de dois gêneros. Plural: exegetas. Do grego *exegetés*. Corresponde a: habilidade de explicar ou interpretar com o olhar crítico; esclarecer minuciosamente enunciações.

EXEMPLAR
❝ Adjetivo de dois gêneros, substantivo de dois gêneros e verbo. Do latim *exemplare*. Equivale a: modelar; disciplinar; amestrar; emblemar.

EXITOSO
❝ Adjetivo variável em gênero e número. Corresponde a: qualidade do que é próspero; pessoa que apresenta resultado proveitoso; bem-sucedido.

EXPANDIR
❝ Verbo regular. Do latim *expandere*. Equivale a: estender; divulgar; irradiar; propalar; distender; ampliar.

EXPERIMENTADO
❝ Adjetivo e substantivo masculino. Varia em gênero e número. Corresponde a: versado; prático; matreiro; calejado; hábil; entendedor.

EXPERIMENTO
❝ Substantivo masculino. Plural: experimentos. Do latim *experimentum*. Equivale a: experiência; experimentação; avaliação; verificação.

EXPERTO
> Adjetivo e substantivo masculino. Varia em gênero e número. Corresponde a: aquele que traz experiência própria; tem conhecimento específico; especialista em determinado assunto.

EXPONENCIALIZAR-SE
> Verbo pronominal na voz reflexiva. Corresponde a: elevar-se; exaltar-se; enobrecer-se; consagrar-se; soberanizar-se.

EXPROBRAR
> Verbo regular. 1ª pessoa do singular do presente do indicativo: eu exprobro. Equivale a: criticar; lançar censura; arguir com propriedade.

EXPUGNAR
> Verbo regular. 1ª pessoa do singular do presente do indicativo: eu expugno. Corresponde a: tomar mediante força da luta; conquistar; abater; vencer.

F

FACUNDO

Adjetivo variável em gênero e número. Do latim *facundus, a, um*. Corresponde a: eloquente; expressivo; convincente; verboso; persuasivo; palrador.

FANÁTICO

Adjetivo masculino. Varia em número e gênero. Do latim *fanaticus.i*. Corresponde a: entusiasmado; arrebatado; extremista; exaltado; afogueado.

FANTASIA

Substantivo feminino. Varia em número. Do latim *fantasia*. Carga semântica: imaginação; idealidade; quimera.

FATÍLOQUO

❝ Adjetivo variável em gênero e número. Do latim *fatiloquu*. Equivale a: inspirado; profético; fatídico; aquele que prediz.

FAZEDOR

❝ Substantivo variável em gênero e número. Fazer + dor. Equivale a: fabricante; criador; gestor; administrador.

FAZER

❝ Verbo irregular. 1ª pessoa do singular do presente do indicativo: eu faço. Do latim *facere*. Equivale a: realizar; produzir; executar; praticar; desempenhar.

FÉ (no que sabe)

❝ Substantivo feminino. Plural: fés. Do latim *fide*. Corresponde a: crença; confiança; credo no que sabe, no que conhece especificamente.

FEBRICITANTE

❝ Substantivo de dois gêneros. Varia em número. Corresponde a: incandescente; estuante; abrasado; incandescente; caloroso; ebulitivo; enérgico.

FECUNDADOR

Adjetivo e substantivo masculino. Varia em gênero e número. Equivale a: abundoso; frutuoso; filhento; multífero; profícuo.

FELICIDADE

Substantivo feminino. Plural: felicidades. Do latim *felicitas, atis*. Corresponde a: bem-estar; fortuna; prazer; riqueza; regalo; regozijo; prosperidade.

FERRADO

Adjetivo variável em gênero e número. Forma nominal do particípio. Corresponde a: obstinado; contumaz; persistente; tenaz; perro; cabeçudo.

FERRENHO

Adjetivo variável em gênero e número. Carga semântica: tenaz; obstinado; esturrado; resistente; contumaz; casmurro; perro; austero.

FÉRREO

Adjetivo variável em gênero e número. Equivale a: inquebrantável; impassível; inexorável; intransigente; obstinado; severo.

FÉRTIL
Adjetivo de dois gêneros. Plural: férteis. Do latim *fertilis, e*. Corresponde a: produtivo; úbere; criador; rendoso; afluente; farto.

FÉRVIDO
Adjetivo que varia em gênero e número. Carga semântica: tórrido; quente; abrasador; fervoroso; veemente; apaixonado; ardente.

FIELDADE
Substantivo feminino, variável em número apenas. Equivale a: firmeza; lealdade; fidelidade; lealeza; companheirismo.

FIRMADO
Adjetivo variável em gênero e número. Forma do particípio do verbo firmar. Corresponde a: ajustado; acordado; firme; seguro; determinado; definido.

FIRME
Adjetivo de dois gêneros e advérbio. Do latim *firmis*. Corresponde a: inabalável; seguro; inconcusso; decidido; perseverante; rijo; tenaz.

FIRMEZA
Substantivo feminino, variável em número, apenas. Corresponde a: solidez; vigor; determinação; rigor; pulso.

FINÓRIO
Adjetivo e substantivo masculino. Feminino: finória. Seu sentido: astuto; sabido; ladino; solerte; acautelado; maquiavélico.

FIXAÇÃO
Substantivo feminino. Plural: fixações. Fixar + ção. Equivale a: firmação; definição; afixação; pregagem; amarração.

FIXIDEZ
Substantivo feminino. Plural: fixidezes. Corresponde a: imobilidade; constância; imutabilidade; resistência; durabilidade.

FLEUMA
Substantivo feminino. Plural: fleumas. Do latim *flegma, atis*. Equivale a: fleima; indiferença; quietude; gelo; desinteresse.

FLEUMÁTICO

Adjetivo variável em gênero e número. Do latim *flegmaticus, a, um*. Equivale a: pessoa que traz frieza de ânimo; impassível.

FLUENTE

Adjetivo de dois gêneros. Plural: fluentes. Corresponde a: corrente; genuíno; afluente; nascidiço; natural; inartificioso.

FOCAR

Verbo regular. 1ª pessoa do singular do presente do indicativo: eu foco. Foco + ar. Equivale a: primar; relevar; salientar.

FOCO

Substantivo masculino. Plural: focos. Do latim *focus, i*. Corresponde a: firmeza; obstinação; tenacidade.

FODIDO OBSTINADO

Adjetivo e substantivo. Variável em gênero e número. Corresponde, no sentido figurado, a: guerreiro; aquele que não desiste de seus sonhos grandes; aquele que foca no que planejou e vive o passo a passo até a realização de seu objetivo. Trata-se de um guerreiro imparável.

FORCEJAR

Verbo regular. 1ª pessoa do singular do presente do indicativo: eu forcejo. Carga semântica: diligenciar; comprometer; envidar; esmerar; negociar; afanar; alargar.

FORNIR

Verbo regular. 1ª pessoa do singular do presente do indicativo: eu forno. Corresponde a: aprovisionar; guarnecer; munir; suprir; atender; açalmar; providenciar.

FORNIDO

Adjetivo variável em gênero e número. Particípio regular do verbo fornir. O mesmo que: provido; abastecido; munido; equipado.

FORTIDÃO

Substantivo feminino. Plural: fortidões. Do latim *fortitude*. Equivale a: robustez; solidez; acerbidade; austeridade; dureza.

FORTUNOSO
Adjetivo variável em gênero e número. Corresponde a: ditoso; aventuroso; próspero; arrojado; audaz.

FOVENTE
Adjetivo de dois gêneros. Varia em número apenas. Do latim *fovens*. Corresponde a: propício; aquele que ajuda ou favorece.

FRANQUEZA
Substantivo feminino. Plural: franquezas. Franco + eza. Equivale a: sinceridade; lisura; franquia; veracidade; boa-fé.

FREQUÊNCIA
Substantivo feminino. Plural: frequências. Do latim *frequentia*. Corresponde a: assiduidade; presença; periodicidade; aparecimento; comparecimento.

FRUGALIDADE
Substantivo feminino. Plural: frugalidades. Do latim *frugalitas, atis*. Corresponde a: austeridade; autocontrole; autodomínio; pessoa que é comedida e prudente.

FRUTUOSO

Adjetivo variável em gênero e número. Corresponde a: proveitoso; prestadio; profícuo; proficiente; rendoso; rentável.

FULGENTE (de criatividade)

Adjetivo de dois gêneros. Plural: *fulgentes*. Equivale a: brilhante; estrelante; reluzente; esplêndido de ideias novas; visionário.

FUNDIR-SE

Verbo regular e pronominal na voz reflexiva. 1ª pessoa do singular do presente do indicativo: eu me fundo ou fundo-me. Equivale a: imergir-se; mergulhar-se; abrenhar-se; adentrar-se; aprofundar-se.

FUGIR DE VITIMIZAÇÃO

Verbo irregular, seguido de seu complemento. 1ª pessoa do singular do presente do indicativo: eu fujo. Do latim *fugere*. Equivale a: desviar-se ou retirar-se da negatividade; o obstinado não se coloca no lugar de vítima.

G

GARRA
Substantivo feminino. Plural: garras. Corresponde a : talento; fibra; domínio; poder; prepotência.

GENIALIDADE
Substantivo feminino. Plural: genialidades. Genial + i + dade. Equivale a: grandeza; prodigiosidade; inteligência; magistralidade.

GENITOR
Substantivo masculino. Varia em gênero e número. Do latim *genitor, oris*. Equivale a: ascendente; instituidor; descobridor; fundador.

GERADOR DE RECEITA
Substantivo masculino seguido de sua locução adjetiva. Equivale a: ocasionador de recursos; originador de fundos; progenitor de finanças; criador de rentabilidade.

GIGANTE

Adjetivo de dois gêneros. Plural: gigantes. Substantivo, variável apenas em número. Do grego *gígas*. Pelo latim, *gigante*. Corresponde a: enorme; descomunal; colossal; extraordinário; prodígio.

GIGÂNTICO

Adjetivo variável em gênero e número. Corresponde a: desmedido; gigantesco; extraordinário; incomensurável; prodígio.

GLADIADOR

Substantivo masculino. Varia em gênero e número. Corresponde a: batalhador; pugnador; lutador; guerreiro.

GOVERNANÇA

Substantivo feminino. Plural: governanças. Governar + ança. Equivale a: regência; controle; regimento; administração; norteamento.

GOVERNAR

Verbo regular. 1ª pessoa do singular do presente do indicativo: eu governo. Do latim *gubernare*. O mesmo que: comandar; dirigir; guiar; conduzir; administrar; gerir; capitanear.

GOVERNAR-SE

Verbo pronominal na voz reflexiva. 1ª pessoa do singular do presente do indicativo: eu me governo ou governo-me. A segunda maneira é mais formal quanto à colocação pronominal. Carga semântica: dirigir-se; conduzir-se; administrar-se; capitanear-se; canalizar-se; apossar-se.

GRADAÇÃO

Substantivo feminino. Plural: gradações. Do latim *gradativo, onis*. Corresponde a: progressão; aperfeiçoamento; desenvolvimento; progredimento; incremento.

GRAMAR

Verbo regular. 1ª pessoa do singular do presente do indicativo: eu gramo. Valor semântico: suportar; tragar; sustentar; aguentar; suster; absorver.

GRANDÍLOQUO

Adjetivo variável em gênero e número. Do latim *grandiloquus*. Equivale a: altivo; altaneiro; eminente; imódico; altanado.

GRANÍTICO

> Adjetivo variável em gênero e número. Equivale a: duríssimo; granito; grave; enérgico; poderoso.

GRIMPAR

> Verbo regular. 1ª pessoa do singular do presente do indicativo: eu grimpo. Corresponde a: escalar; galgar; subir; elevar; libertar.

GUERREIRO

> Adjetivo e substantivo masculino. Flexiona-se em gênero e número. Corresponde a: combatente; belígero; armígero; belicoso; lutador.

GUIADOR

> Adjetivo e substantivo masculino. Flexiona-se em gênero e número. Equivale a: guiante; itinerante; ambulativo.

H

HABILIDADE

Substantivo feminino. Plural: habilidades. Do latim *habilitas, atis*. Corresponde a: capacidade; aptidão; talento; destreza; inteligência; proficiência; astúcia; desteridade.

HABILIDOSO

Adjetivo e substantivo masculino. Habilidade + oso. Corresponde a: engenhoso; talentoso; inventivo; manipresto; criativo.

HÁBITO

Substantivo masculino. Plural: hábitos. Carga semântica: rotina; praxe; costume.

HABITUAR-SE

Verbo regular. 1ª pessoa do singular do presente do indicativo: eu me habituo ou habituo-me.

Do latim *habituare*. Corresponde a: acostumar-
-se; adaptar-se; familiarizar-se; aclimatar-se.

HARTO

Adjetivo e advérbio. Do castelhano *harto*. O adjetivo varia em gênero e número. Equivale a: aquele que é forte; robusto; farto; vigoroso. Já o advérbio corresponde a: assaz, bastante, muito.

HERCÚLEO

Adjetivo variável em gênero e número. Do latim *herculeus, a, um*. Corresponde a: vigoroso; viripotente; nutrido; pujante; varonil.

HERMÉTICO

Adjetivo, variável em gênero e número. Do grego *hermetikós*; do latim *hermeticus*. Seu sentido: enigmático; obscuro; abstruso; esfingético.

HEROÍSMO

Substantivo masculino. Plural: heroísmo. Equivale a: valentia; bravura; heroicidade; coragem; arrojo.

HIANTE

Adjetivo de dois gêneros e substantivo de dois gêneros. Plural: hiantes. Corresponde a: ávido; ansioso; astuto; esfarpado.

HOMÉRICO

Adjetivo variável em gênero e número. Corresponde a: épico; extraordinário; grandioso; retumbante.

HONRADEZ

Substantivo feminino. Plural: honradezes. Equivale a: dignidade; integridade; garbo; decência; inteireza.

HUMILDADE

Substantivo feminino. Plural: humildades. Do latim *humilitas, atis*. Equivale a: respeito; singeleza; apreço.

HÚMILE

Adjetivo de dois gêneros. Do latim *humile*. Plural: húmiles. Equivale a: aquele que é amável; ameno; bem-criado; bem-educado.

I

ICÁSTICO

Adjetivo, variável em gênero e número. Do grego *eikastikós*. Seu sentido: espontâneo; genuíno; originário; desartificioso; proveniente.

IDEADOR

Substantivo, variável em gênero e número. Equivale a: aquele que traz entendimento; planos; desígnio; é criador.

IDEAR

Verbo irregular. 1ª pessoa do singular do presente do indicativo: eu ideio. De ideia + ar. O mesmo que: engenhar; inventar; imaginar; planejar, criar.

IDONEIDADE

Substantivo feminino. Plural: idoneidades. Corresponde a: capacidade; habilidade; aptidão; autoridade; continência.

IGNESCENTE

Adjetivo de dois gêneros. Plural: ignescentes. Valor semântico: inflamado; pessoa quase inflama; incandescente.

ILIDIR

Verbo regular. 1ª pessoa do singular do presente do indicativo: eu ilido. Do latim *illidere*. O mesmo que: contestar; rebater; redarguir; confutar; combater.

ILIMITADO

Adjetivo variável em gênero e número. Do latim *illimitatus, a, um*. Corresponde a: infindo; desmedido; irrestrito; intérmino; incessante.

ILUMINADO

Adjetivo e substantivo masculino. Varia em gênero e número. Corresponde a: esclarecido; instruído; categórico; luminoso.

ILUSTRADO
Adjetivo variável em gênero e número. Do latim *ilustratus, a, um*. Valor semântico: sapiente; esboçado; aclarado; iluminado.

IMAGINATIVO
Adjetivo variável em gênero e número. Corresponde a: devaneador; fantasioso; inventivo; meditabundo; abundoso.

IMALEABILIDADE
Substantivo feminino. Plural: imaleabilidades. Corresponde a: inductilidade; inflexibilidade; dureza; incomplacência; firmeza.

IMALEÁVEL
Adjetivo de dois gêneros. Plural: imaleáveis. Equivale a: rígido; hirto; inabalável; áspero; austero; teso.

IMERGENTE
Adjetivo de dois gêneros. Plural: imergentes. Corresponde a: aquele que mergulha; aquele que traz aprofundamento naquilo que faz.

IMINENTE
Adjetivo de dois gêneros. Plural: iminentes. Equivale a: inadiável; urgente; premente; proeminente; instante.

IMODIFICÁVEL
Adjetivo de dois gêneros. Plural: imodificáveis. Equivale a: inalterável; imutável; invariável; fixo.

IMOTO
Adjetivo variável em gênero e número. Corresponde a: imóvel; desprovido de movimento; quieto.

IMPACTAR
Verbo regular. 1ª pessoa do singular do presente do indicativo: eu impacto. Corresponde a: exercer impacto; impingir; impelir; causar impressão expressiva.

IMPARÁVEL
Adjetivo variável em número apenas: imparáveis. Im + parar + vel. Equivale a: irrefreável; incansável; enriçado; afeventado.

IMPASSÍVEL

Adjetivo de dois gêneros. Plural: impassíveis. Do latim *impassibilie, e*. Corresponde a: imperturbável; frio; implacável; apático; inexcitável; inflexível.

IMPECABILIDADE

Substantivo feminino. Varia apenas em número. Equivale a: infalibilidade; inevitabilidade; inerrância; perfectibilidade; perfeição.

IMPENITENTE

Adjetivo de dois gêneros. Plural: impenitentes. Do latim *impoenitens, entis*. Valor semântico: incontrito; obstinado; reincidente; desaustinado; habituado; recidivo; teimoso.

IMPERIOSIDADE

Substantivo feminino. Plural: imperiosidades. Corresponde a: soberania; domínio; expansionismo; poder; primado.

IMPERIOSO

Adjetivo variável em gênero e número. Do latim *imperiosus*. Corresponde a: arrogante; soberbo; dominador;

dogmático; absoluto; prepotente; improrrogável; pretensioso.

IMPERSCRUTÁVEL

Adjetivo de dois gêneros. Plural: imperscrutáveis. Do latim *imperscrutabilis, e*. Equivale a: difícil; complexo; que não pode ser investigado; impenetrável.

IMPERTÉRRITO

Adjetivo variável em gênero e número. Corresponde a: intrépido; arrojado; destemido; denodado; afoito; aguerrido.

IMPERTURBÁVEL

Adjetivo de dois gêneros. Plural: imperturbáveis. Do latim *imperturbabilis, e*. O mesmo que: inalterável; inflexível; imutável.

IMPÉRVIO

Adjetivo e substantivo masculino. Varia em gênero e número. Equivale a: intransitável; aquele que não dá passagem; pessoa que não se permite atingir.

IMPETUOSO
Adjetivo variável em gênero e número. Corresponde a: arrebatado; arrojado; colérico; fogoso; fragueiro; vulcânico; cálido.

IMPLACABILIDADE
Substantivo feminino. Plural: implacabilidades. Corresponde a: inexorabilidade; inflexibilidade.

IMPLACIDEZ
Substantivo feminino. Plural: implacidezes. Corresponde a: implacável; preocupado; agitado; apoquentado; frenesi.

IMPLICÂNCIA
Substantivo feminino. Implicar + ância. Plural: implicâncias. Equivale a: embirração; arrelia; aversão; casmurrice; cafifa.

IMPONÊNCIA
Substantivo feminino. Plural: imponências. Do latim *imponentia, ae*. Equivale a: grandeza; magnificência; grandeza; excelência.

IMPORTUNO

❝ Adjetivo variável em gênero e número. Do latim *importunus, a, um*. Contextualiza o mesmo que: agarradiço; insistente; maçador; apoquentador; insuportável.

IMPULSIONAR

❝ Verbo regular. 1ª pessoa do singular do presente do indicativo: eu impulsiono. Equivale a: impelir; atiçar; promover; balançar; semear; propelir; arremeter.

IMPULSO

❝ Substantivo masculino. Plural: impulsos. Do latim *impulsus, us*. Corresponde a: arrebatamento; ímpeto; embalo; impulsionamento.

IMUDÁVEL

❝ Adjetivo de dois gêneros. Plural: imudáveis. Do latim *immutabilis, e*. O mesmo que: imutável; invariável; permanente; incessante; estável.

IMUTABILIDADE

❝ Substantivo feminino. Plural: imutabilidades. Do latim *immutabilitas, atis*. O mesmo que: constância; fixidade; irremovibilidade; platitude.

INABALÁVEL

Adjetivo de dois gêneros. Plural: inabaláveis. Corresponde a: estável; fixo; firme; seguro; constante.

INAMOLGÁVEL

Adjetivo de dois gêneros. Plural: inamolgáveis. In + amolgável. Equivale a: inamoldável; inamissível; aquele que não se fixa ou não se perpetua em um modelo único.

INALTERABILIDADE

Substantivo feminino. Plural: inalterabilidades. Corresponde a: imutabilidade; anandria; algidez; firmeza; fixura.

INCANSÁVEL

Adjetivo de dois gêneros. Plural: incansáveis. In + cansável. O mesmo que: infatigável; diligente; ativo.

INCENSURÁVEL

Adjetivo de dois gêneros. Plural: incensuráveis. O mesmo que: irrepreensível; esmerado; impecável; correto.

INCESSANTE
> Adjetivo de dois gêneros. Plural: incessantes. O mesmo que: pessoa que não sofre interrupção; ininterrupto; obstinado; permanente; aferrado.

INCESSÁVEL
> Adjetivo variável em número apenas. Plural: incessáveis. Corresponde a: ininterrompido; porfioso; duradouro; estável; frequente; afio.

INCOLUMIDADE
> Substantivo feminino. Plural: incolumidades. Do latim *incolumitas, atis*. O mesmo que: segurança; proteção; sair ileso ou livre de perigo.

INCONCUSSO
> Adjetivo variável em gênero e número. Equivale a: incontestável; inabalável; incontrastável; incontroverso.

INDESISTÍVEL
> Adjetivo informal. Do verbo desistir (do latim *desistere*), com o prefixo de negação in. O mesmo que:

aquele que se mantém firme, não se distanciando de seu foco, interesse, objetivo.

INDESVIÁVEL

Adjetivo de dois gêneros. Plural: indesviáveis. In + desviável. Equivale a: reto; aprumado; inalterável; incorrutivo; inflexível; imperturbável.

INDIFERENÇA

Substantivo feminino. Plural: indiferenças. Do latim *indifferentia*. Corresponde a: frieza; frialdade; apatia; frigidez; desapegamento.

INDÚCTIL

Adjetivo de dois gêneros. Plural: indúcteis. Equivale a: rijo; duro; forte; sólido; enérgico; resistente; áspero.

INEXCITÁVEL

Adjetivo de dois gêneros. Plural: inexcitáveis. Corresponde a: inflexível; corajoso; inabalável; indestrutível.

INEXTINGUÍVEL

Adjetivo de dois gêneros. Plural: inextinguíveis. Do latim *inex(s)tinguibilis, e*. Corresponde a: durável; indelével; perdurável; permanente; imperecedouro; inapagável; incessante.

INEXORÁVEL

Adjetivo de dois gêneros. Plural: inexoráveis. Do latim *inexorabilis, e*. O mesmo que: aquele que não cede ou não se vê abalado; inflexível; implacável ou contínuo no que estabelece ou executa.

INCISIVO

Adjetivo variável em gênero e número. Do latim *incisivus, a, um*. O mesmo que: mordaz; frisante; penetrante; eficaz; mordente; cáustico; aceroso; aguçado; aletófilo.

ÍNCLITO

Adjetivo, variável em gênero e número. Do latim *inclitus, a, um*. Corresponde a: ilustre; nobre; eminente; brilhante; conspícuo.

INCOMPATIBILIZAR-SE
Verbo regular. 1ª pessoa do singular do presente do indicativo: eu me incompatibilizo. O mesmo que: desentrosar-se; desconciliar-se; desentender-se; desajustar-se.

INCONFORMADO
Adjetivo variável em gênero e número. Corresponde a: obstinado; teimoso; tenaz; resistente; porfiado.

INCONTESTÁVEL
Adjetivo de dois gêneros. Plural: incontestáveis. Equivale a: irrecusável; irrefragável; inquestionável; inatacável; inconcusso.

INCONTROVERSO
Adjetivo variável em gênero e número. O mesmo que: indubitável; firme; irrefutável; acachapante.

INDEFESSO
Adjetivo. Varia em gênero e número. O mesmo que: incansável; laborioso; activo; diligente; difícil; industrioso.

INDOMÁVEL

Adjetivo de dois gêneros. Plural: indomáveis. Do latim *indomabilis, e*. Equivale a: indócil; indómito; arisco; bravio; inquieto.

INESGOTABILIDADE

Substantivo feminino. Varia apenas em número: inesgotabilidades. O mesmo que: incansabilidade; infatigabilidade; inexauribilidade.

INDIFERENÇA

Substantivo feminino. Plural: indiferenças. Do latim *indifferentia*. Equivale a: frialdade; indolência; desapego; abnegação.

INDIRIGÍVEL

Adjetivo de dois gêneros. Plural: indirigíveis. In + dirigível. Equivale a: aquele que não permite ser conduzido; o que não é capitaneado; aquele que não se deixa levar.

INDISCEPTÁVEL

Adjetivo. Plural: indisceptáveis. Do latim *disceptare + vel*. Corresponde a: irrevogável; esmagador; inelidível; incontestável.

INDÚCTIL

Adjetivo de dois gêneros. Plural: indúcteis. Valor semântico: rijo; vigoroso; resistente; robusto; forte; duro.

INDUCTILIDADE

Substantivo feminino. Plural: inductilidades. Indúctil + (i) + dade. Corresponde a: imaleabilidade; inflexibilidade; rijeza; acerbidade; desabrimento; austeridade.

INDUÇÃO

Substantivo feminino. Plural: induções. Do latim *induction, onis*. O mesmo que: persuasão; epagoge; inspiração; aconselhamento; instigação.

INDURAÇÃO

Substantivo feminino. Plural: indurações. Do latim *induratio, onis*. Carga semântica: obstinação; pertinácia; insistência; afinco.

INDUSTRIOSO

Adjetivo variável em gênero e número. Equivale a: habilidoso; jeitoso; desembaraçado; diligente; laborioso; proficiente; talentoso.

INFALIBILIDADE
> Substantivo feminino. Plural: infalibilidades. Valor semântico: inerrância; perfectibilidade; perfeição naquilo que faz.

INFATIGABILIDADE
> Substantivo feminino. Plural: infatigabilidades. Equivale a: incansabilidade; inesgotabilidade.

INFATIGÁVEL
> Adjetivo de dois gêneros. Plural: infatigáveis. Do latim *infatigabilis, e*. Corresponde a: incansável; inesgotável; ilimitado.

INFENSO
> Adjetivo, variável em gênero e número. Do latim *infensu*. Carga semântica: adverso; desfavorável; averso; avesso; colidente.

INFINITUDE
> Substantivo feminino. Plural: infinitudes. Infinit(o) + ude. O mesmo que: constância; eternidade; ilimitabilidade; infinidade.

INFIRMATIVO
Adjetivo, variável em gênero e gênero. Equivale a: o que tem o poder de revogar; aquele que invalida; o que desfaz.

INFLEXIBILIDADE
Substantivo feminino. Plural: inflexibilidades. Corresponde a: rigidez; firmeza; rigor; intransigência.

INFLEXÍVEL
Adjetivo de dois gêneros. Plural: inflexíveis. Do latim *inflexibilis, e*. O mesmo que: rigoroso; severo; férreo; rígido; indiferente; obstinado.

INFLUENCIADOR
Adjetivo e substantivo masculino. Varia em gênero e número. Corresponde a: dominante; prestigioso; influente; poderoso.

INFRANGIBILIDADE
Substantivo feminino. Plural: infrangibilidades. Equivale a: indestrutibilidade; invunerabilidade; inquebrantabilidade.

INFRANGÍVEL
Adjetivo de dois gêneros. Plural: infrangíveis. In + frangível. Equivale a: que não se pode quebrar; sempre intacto em sua unidade.

INGOVERNÁVEL
Adjetivo de dois gêneros. Plural: ingovernáveis. Corresponde a: indomado; altivo; indisciplinável; insubmisso; independente.

INICIAÇÃO
Substantivo feminino. Plural: iniciações. Corresponde a: aquele que chega primeiro; preliminar; prolusão; exórdio.

INOVADOR
Adjetivo e substantivo masculino. Varia em gênero e número. Valor semântico: hodierno; progressista; atualizado; novador.

INOVAR
Verbo regular. 1ª pessoa do singular do presente do indicativo: eu inovo. Do latim *innovare*. O mesmo

que: atualizar; rejuvenescer; avigorar; recompor; renascer; fortificar.

INQUEBRANTABILIDADE

Substantivo feminino. Varia em número: inquebrantabilidades. O mesmo que: aquele que não é destruído; inatacabilidade; invulnerabilidade.

INQUEBRANTÁVEL

Adjetivo de dois gêneros. Plural: inquebrantáveis. Corresponde a: inabalável; incomplacente; implacável; acirrado; rigoroso.

INQUIETO

Adjetivo. Particípio irregular do verbo inquietar. Do latim *inquietus, a, um*. Corresponde a: agitado; impaciente; desassossegado; ansioso; irrequieto.

INSACIÁVEL

Adjetivo de dois gêneros; substantivo de dois gêneros. Plural: insaciáveis. In + saciável. Equivale a: ambicioso; ingluvioso; voraz; ávido; infartável.

INSISTÊNCIA

Substantivo feminino. Plural: insistências. Insistir + ência. Equivale a: obstinação; birra; teimosice; perseverança; finca-pé.

INSISTENTE

Adjetivo de dois gêneros. Insistir + ente. Plural: insistentes. Equivale a: casmurro; importuno; teimoso; ferrenho; porfioso.

INSISTIR

Verbo regular. 1ª pessoa do singular do presente do indicativo: eu insisto. Do latim *insistire*. O mesmo que: manter; teimar; turrar; encafifar; obstinar.

INSOFISMÁVEL

Adjetivo de dois gêneros. Plural: insofismáveis. In + sofismável. Equivale a: patente; claro; indiscutível; irrefutável; incontestável.

INSOLENTE

Adjetivo de dois gêneros e substantivo de dois gêneros. Plural: insolentes. Do latim *insolens, entis*. Corresponde a: atrevido; abusado; intrometido; impertinente.

INSPETAR
Verbo regular. 1ª pessoa do singular do presente do indicativo: eu inspeto. Do latim *inspectare*. O mesmo que: inspecionar; examinar; vistoriar; alealdar.

INSTINTO
Substantivo masculino. Plural: instintos. Do latim *instinctus*. Corresponde a: apercepção; visão; inspiração; pressentimento.

INSTITUIDOR
Adjetivo e substantivo masculino. Varia em gênero e número. Corresponde a: criador; fundador; pai; inventor; genitor.

INSTITUTÁRIO
Substantivo variável em gênero e número. Corresponde a: aquele que institui; quem torna algo institucional; concebe sistemicamente algo.

INSTRUÇÃO
Substantivo feminino. Plural: instruções. Corresponde a: saber; disciplina; educação; sapiência; adestramento; doutrinamento.

INSUBMISSO

Adjetivo e substantivo masculino. Varia em gênero e número. Corresponde a: indomável; insubordinado; indócil; ingovernável.

INSURREIÇÃO

Substantivo feminino. Plural: insurreições. Do latim *insurrectio, onis*. O mesmo que: sedição; alvoroço; sublevação; revolução.

INSUSCEPTÍVEL

Adjetivo. Varia apenas em número: insusceptíveis. In + susceptível. Equivale a: aquele que não sofre impressão ou alteração facilmente; o que não fica impressionado com facilidade.

INTEIRAR

Verbo regular. 1ª pessoa do singular do presente do indicativo: eu inteiro. Inteiro + ar. Equivale a: completar; concluir; acabar; finalizar; integralizar; terminar.

INTEIREZA
Substantivo feminino. Plural: inteirezas. Inteir(o) + eza. Equivale a: integralidade; plenitude; probidade; completude; decência; incorruptibilidade.

INTENTO
Adjeto e substantivo masculino. Plural: intentos. Do latim *intentus, us*. Valor semântico: propósito; desígnio; intenção; mira.

INTERCESSOR
Adjetivo e substantivo masculino. Varia em gênero e número. Corresponde a: mediador; rogador; mediatário; avindor.

INTERMITIR
Verbo regular. 1ª pessoa do singular do presente do indicativo: eu intermito. Do latim *intermittere*. Corresponde a: empacar; aparar; empacar; descontinuar.

INTOLERÂNCIA
Substantivo feminino. Plural: intolerâncias. Do latim *intolerantia, ae*. O mesmo que: incomplacência; intransigência; rigidez; exatidão.

INTOLERÁVEL

Adjetivo de dois gêneros. Plural: intoleráveis. Do latim *intolerabilis*. Equivale a: insuportável; incabível; inadmissível; afrontoso; abominoso.

INTRANSIGÊNCIA

Substantivo feminino. Plural: intransigências. In + transigência. Equivale a: intolerância; rigidez; dureza; rigor; aspereza; acerbidade; rijeza.

INTRANSIGENTE

Adjetivo de dois gêneros, substantivo de dois gêneros. Plural: intransigentes. Do latim *transigens, entis,* anteposto por um prefixo (in). Equivale a: austero; rigoroso; implacável; acossador; acerbo.

INTRATÁVEL

Adjetivo de dois gêneros. Plural: intratáveis. Do latim *intractabilis*. Corresponde a: inconversável; dessociável; revel; arisco.

INTRÉPIDO

Adjetivo variável em gênero e número. Do latim *intrepidus, a, um*. Corresponde a: que não teme o perigo; arrojado; destemido; valente; animoso; destemeroso.

INTROJEÇÃO

Substantivo feminino. Plural: introjeções. Corresponde a: habilidade em incorporar em seu pensamento valores de outra pessoa ou grupo; modelar-se; absorver valores de fora; interiorização.

INTROMISSÃO

Substantivo feminino. Do latim *intromissio, onis*. Equivale a: intrometimento; abelhudice; imisção; intervenção.

INTUIÇÃO

Substantivo feminino. Plural: intuições. Do latim *intuitio, onis*. Corresponde a: apercepção; faro; pressentimento; palpite; visão.

INVARIABILIDADE

Substantivo feminino. Plural: invariabilidades. Corresponde a: imutabilidade; fixidez; invariância; serenidade.

INVESTIGAR

Verbo regular. 1ª pessoa do singular do presente do indicativo: eu investigo. Do latim *investigare*. O mesmo que: perscrutar; averiguar; indagar; espreitar; escavar; apurar.

INVETERADO

Adjetivo variável em gênero e número. Do latim *inveteratus, a, um*. O mesmo que: enraizado; arreigado; profundo; crônico; arraigado; enradicado; entranhável.

IRREDUTÍVEL

Adjetivo de dois gêneros. Plural: irredutíveis. O mesmo que: irreduzível; indomável; indivisível.

IRREMITENTE

Adjetivo de dois gêneros. Plural: irremitentes. In + remitente. O mesmo que: aquele que não perdoa; não benevolente; não se mostra brando.

IRREVERENTE

Adjetivo de dois gêneros; substantivo de dois gêneros. Plural: irreverentes. Do latim *irreverens, entis*. Corresponde a: impertinente; descortês; sem cerimônias.

IRREVOCABILIDADE

Substantivo feminino. Plural: irrevocabilidades. Corresponde a: irrescindibilidade; irrevogabilidade.

J

JACTANCIOSO

Adjetivo variável em gênero e número. Jactância + oso. Equivale a: pretensioso; presunçoso; orgulhoso; altivo; vanglorioso.

JEITOSO

Adjetivo variável em gênero e número. Corresponde a: hábil; destro; expedito; ágil.

JUSTO

Adjetivo variável em gênero e número. Do latim *justus, a, um*. Equivale a: preciso; íntegro; equitativo; recto; imparcial; rigoroso; equânime.

JUDICIOSO

Adjetivo variável em gênero e número. Do latim *judicium, ii*. O mesmo que: sensato; prudente; sentencioso; ajuizado; atinado; criterioso.

LABORIOSIDADE

Substantivo feminino. Plural: laboriosidades. Laborioso + (i) +dade. Corresponde a: operosidade; atuosidade; diligência; produtividade; arduidade; devotação.

LACONISMO

Substantivo masculino. Plural: laconismos. Do grego *lakonismós*. Seu significado: concisão; precisão; exação; perfeição; regularidade.

LAPIDAR

Verbo regular. 1ª pessoa do singular do presente do indicativo: eu lapido. Do latim *lapidare*. Corresponde a: apurar; refinar talentos; aprimorar; esmerilhar.

LATEJANTE

Adjetivo de dois gêneros. Plural: latejantes. Equivale a: pulsátil; palpitante; interessante.

LAUTO (de percepções)
❝ Adjetivo variável em gênero e número. Corresponde a: sumptuoso; esplêndido; magnificente de percepções; afluente.

LAVRADOR (de sonhos grandes)
❝ Adjetivo e substantivo masculino. Flexiona-se em gênero e número. Seu significado: cultivador; cultor; arvícola; produtor de sonhos exponenciais.

LEALDADE
❝ Substantivo feminino. Plural: lealdades. Equivale a: fidelidade; companheirismo; veracidade; honestidade.

LECIONISTA
❝ Substantivo de dois gêneros. Plural: lecionistas. Seu significado: explicador; escoliaste; explanador; prelector.

LÍBITO
❝ Substantivo masculino. Varia em gênero e número. Corresponde a: arbítrio; deliberação; expediente; disposição; intenção.

LICENCIOSO

Adjetivo variável em gênero e número. Do latim *licentiosus, a, um*. Equivale a: dissoluto; alheio; desembaraçado; emancipado; independente; safo.

LIDADOR

Adjetivo e substantivo masculino. Flexiona-se em gênero e número. Corresponde a: pugnador; batalhador; pugnaz; activista; agenciador.

LÍDER

Adjetivo e substantivo masculino. Flexiona-se em gênero e número. Do inglês *leader*. Equivale a: desregrado; dissoluto; descomedido; desenvolto.

LIDERANÇA

Substantivo feminino. Plural: lideranças. Corresponde a: comando; autoridade; mando; norteamento; rota; caminho.

LIGEIRO

Adjetivo, advérbio e substantivo masculino. Flexiona-se em gênero e número. Somente não varia quando advérbio. Do francês *léger*. Seu significado: veloz; célere; ágil; desembaraçado; imediato.

LÍQUIDO

❝ Adjetivo e substantivo masculino. Varia em gênero e número: líquido, líquida, líquidos, líquidas. Seu sentido: pessoa com fluidez em suas ações; estrategicamente flexível a ressignificações; habilidade de se reconfigurar para manter-se no foco.

LOCUPLETAR

❝ Verbo regular. Do latim *locupletare*. Corresponde a: enriquecer; opulentar; prosperar; endinheirar.

LONGÂNIME

❝ Adjetivo de dois gêneros. Plural: longânimes. Do latim *longanimis, e*. Corresponde a: brioso; aguerrido; arrojado; animoso; audaz; destemeroso; liberal.

LOQUAZ

❝ Adjetivo de dois gêneros. Plural: loquazes. Do latim *loquax, acis*. Equivale a: eloquente; palreiro; discursivo; gralhador; dizedor; convincente.

MADURO

Adjetivo variável em gênero e número. Corresponde a: experimentado; amadurecido; atilado; ajuizado; judicioso; mesurado; ponderado.

MAGISTRALIDADE

Substantivo feminino. Plural: magistralidades. Magistral + i + dade. Corresponde a: genialidade; intelecto; grandeza; prodigiosidade.

MAGNATA

Substantivo de dois gêneros. Plural: magnatas. Seu sentido: líder; potentado; caudilho; fúcaro; maioral; capitalista.

MAJESTÁTICO

Adjetivo variável em gênero e número. Corresponde a: augusto; alteroso; majestoso; respeitável.

MALEÁVEL
Adjetivo de dois gêneros. Plural: maleáveis. Do francês *malléable*. Equivale a: flexível; complacente; meneável.

MANDO
Substantivo masculino. Plural: mandos. Seu sentido: autoridade; chefia; poder; liderança; comando.

MANOBRA
Substantivo feminino. Plural: manobras. Equivale a: ardil; estratagema; desempenho; destreza; habilidade.

MANTER UMA LINHA
Verbo seguido de seu complemento (objeto direto). Seu sentido: direto; ereto; equânime; insuspeito; exato; focado.

MAQUINADO
Adjetivo variável em gênero e número. Forma nominal do verbo maquinar no particípio. Seu sentido: engendrado; inventado; tecido; combinado.

MAQUINAR

Verbo regular. 1ª pessoa do singular do presente do indicativo: eu maquino. Do latim *machinare*. O mesmo que: projetar; delinear; planejar; matutar.

MARMÓREO

Adjetivo variável em gênero e número. Corresponde a: duro; frio; insensível; marmórico.

MARROAZ

Adjetivo de dois gêneros e substantivo de dois gêneros. Plural: marroazes. Corresponde a: pertinaz; perro; renitente; acérrimo; pirrónico; cabeçudo.

MARTELAR

Verbo regular. Corresponde a: teimar; encafifar; entesar; renitir; moer; aferrar; retrilhar.

MATURAÇÃO

Substantivo feminino. Plural: maturações. Do latim *maturatio, onis*. Seu sentido: amadurecimento; aprimoramento; maturidade; perfeição; sensatez.

MEDIATISTA
> Adjetivo de dois gêneros. Varia em número. Equivale a: impaciente; apático; mediático.

MELHORAMENTO
> Substantivo masculino. Plural: melhoramentos. Melhorar + mento. Equivale a: benfeitoria; benefício; avanço; crescimento; desenvolvimento; progredimento.

MELINDRADO
> Adjetivo variável em gênero e número. Particípio do verbo melindrar. Corresponde a: ressabiado; incomodado; ressentido.

MENTOR
> Substantivo masculino. Varia em gênero (mentora) e número. Do latim *mentor, oris*. Corresponde a: guia; aconselhador; condutor; orientador; didata; consiliário.

METRIFICAR
> Verbo regular. Seu sentido: aconsoantar; compulsar; consistir; versejar; idealizar; manejar.

MERCANTE

Adjetivo de dois gêneros e substantivo de dois gêneros. Plural: mercantes. O mesmo que: negociante; mercador; mente milionária; vendedor.

MERITOCRACIA

Substantivo feminino. Plural: meritocracias. Mérito + o + cracia. Corresponde a: selecionado por maior competência; ser mais eficiente; mais qualificado.

MESURADO

Adjetivo variável em gênero e número. Particípio regular de mesurar. O mesmo que: prudente; comedido; cordato; sensato; ajuizado; judicioso.

META

Substantivo feminino. Plural: metas. Do latim *meta, ae*. Seu sentido: alvo; intuito; baliza; finalidade; propósito.

METIDO

Adjetivo variável em gênero e número. Particípio do verbo meter. Seu sentido: abelhudo; curioso; intruso; chegadiço; concentrado.

METÓDICO

Adjetivo variável em gênero e número. O mesmo que: ordenado; pautado; sistemático; regrado; metodizado; comedido.

METUENDO

Adjetivo variável em gênero e número. Equivale a: terrível; medonho; severo; temeroso; terríbil.

MEXEDOR

Adjetivo e substantivo masculino. Varia em gênero (mexedora) e número (mexedores). O mesmo que: alvissareiro; coscuvilheiro; enliçados; intriguista.

MINUCIOSO

Adjetivo variável em gênero e número. Minúcia + oso. Equivale a: meticuloso; cuidadoso; pormenorizado; cauteloso, cioso.

MINUDENTE

Adjetivo de dois gêneros. Plural: minudentes. Equivale a: meticuloso; cuidadoso; minudencioso; detalhado; especificado; melindroso.

MIRADOURO
Substantivo masculino. Plural: miradouros. O mesmo que: mirante; observatório; miradoiro; açoteia; observação.

MIRÍFICO
Adjetivo variável em gênero e número. Do latim *mirificus, a, um.* Seu sentido: portentoso; espantoso; admirável; surpreendente; façanhoso; formidável.

MIRONE
Substantivo masculino. Feminino: mirona. Plural: mirones. Corresponde a: espectador; comentador; testemunha; investigador; notador.

MÍTICO
Adjetivo variável em gênero e número. Do latim *mythicus, a, um*. Seu sentido: imaginoso; lendário; fabuloso; extraordinário; cerebrino; conjetural.

MITRADO
Adjetivo variável em gênero e número. Equivale a: esperto; sabido; sagaz; pícaro.

MODELAR-SE
Verbo na voz reflexiva. 1ª pessoa do singular do presente do indicativo: eu me modelo ou modelo-me. O mesmo que: plasmar-se; delinear-se; escrever-se; amodelar-se continuamente; fazer-se a cada dia; traçar-se; amoldurar-se; adscrever-se.

MODERAÇÃO
Substantivo feminino. Plural: moderações. Equivale a: comedimento; sobriedade; prudência; continência; refreamento.

MODIFICAR
Verbo regular. 1ª pessoa do singular do presente do indicativo: eu modifico. Equivale a: mudar; alterar; refundir; converter; transmudar; variar; refrear.

MORIGERADO
Adjetivo variável em gênero e número. O mesmo que: aquele que tem bom procedimento; regrado.

MOTILIDADE
Substantivo feminino. Plural: motilidades. Do francês *motilité*. Equivale a: mobilidade; aquele que

tem competência ou habilidade para se mover ou ter mobilidade.

MOTIVAÇÃO (intensa)
" Substantivo feminino. Plural: motivações. Motivar + ação. O mesmo que: inspiração; incentivo; estímulo; atiçamento; pretexto.

MOTIVADO
" Adjetivo variável em gênero e número. Forma nominal do particípio do verbo motivar. Equivale a: alicerçado; estribado; firme; disposto; instituído; acimentado; ajustado.

MOVER
" Verbo regular. 1ª pessoa do singular do presente do indicativo: eu movo. Corresponde a: mexer; bulir; deslocar; agitar; descolocar; excitar; inquietar.

MULTIFUNCIONAL
" Adjetivo de dois gêneros. Plural: multifuncionais. Multi + funcional. Equivale a: ter muitas funções e, sozinho, realizá-las; pessoa polivalente.

MUNICIONAMENTO

Substantivo masculino. Plural: municionamentos. Municionar + mento. Corresponde a: aparelhamento; aprestamento; municiamento; apetrechamento.

MUNIR

Verbo regular. Não é conjugado na 1ª pessoa do singular do presente do indicativo: tu munes, ele mune, nós munimos, vós munis, eles munem. Pode ser conjugado pronominalmente, na voz reflexiva: munir-se. Corresponde a: abastecer-se; prover-se; açalmar-se; armar-se; bonificar-se; quinhoar-se; suprir-se.

NATENTO

Adjetivo variável em gênero (natenta) e número (natentos). O mesmo que: fértil; ditoso; frutuário; produtivo.

NEGOCIAR

Verbo regular. 1ª pessoa do singular do presente do indicativo: eu negocio. Do latim *negotiare*. Equivale a: comerciar; contratar; mercadejar; pactuar; acordar; assentar.

NEUTRALIDADE

Substantivo feminino. Plural: neutralidades. Equivale a: imparcialidade; abnegação; isenção; comedimento.

NITIDEZ

Substantivo feminino. Plural: nitidezes. Equivale a: limpidez; visibilidade; perspicuidade; transparência.

NORTEAR

❝ Verbo regular. 1ª pessoa do singular do presente do indicativo: eu norteio. Norte + ear. Equivale a: guiar; dirigir; reger; conduzir; direcionar; capitanear.

NUBÍVAGO

❝ Adjetivo variável em gênero (nubívaga) e número (nubívagos). Do latim *nubivagus, a, um*. O mesmo que: indivíduo sonhador; nefelibata.

NUÇÃO

❝ Substantivo feminino. Plural: nuções. Do latim *nutus*. Corresponde a: apetite; vontade; arbítrio; apetência; líbito.

NÚNCIO

❝ Substantivo variável em gênero e número. Corresponde a: mensageiro; pregoeiro; embaixador; enviado; emissário; anunciador.

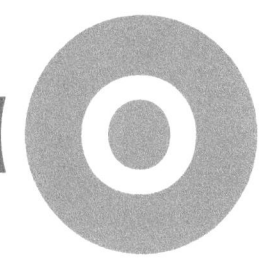

OBCECAÇÃO

Substantivo feminino. Plural: obcecações. Equivale a: teimosia; obstinação; afincamento; birra; perrice, teima.

OBCECADO

Adjetivo. Forma nominal do verbo obcecar no particípio. Corresponde a: obstinado; teimoso; aferrado; apreensivo.

OBCECAR

Verbo regular. Seu sentido: obdurar; ofuscar; encobrir; sombrear.

OBDURAÇÃO

Substantivo feminino. Plural: obdurações. Do latim *obduratio, onis*. Corresponde a: obstinação;

obcecação; pertinácia; enrijecimento; teimosia; tenacidade; empedradora.

OBDURADO

Adjetivo. Forma nominal do verbo obdurar no particípio. Equivale a: endurecido; empedernido; obcecado; calejado.

OBFIRMADO

Adjetivo, variável em gênero e número. Do latim *obfirmatus, a, um*. Forma nominal do verbo obfirmar no particípio. O mesmo que: persistente; pertinaz; obstinado; constante.

OBFIRMAR

Verbo regular. 1ª pessoa do singular do presente do indicativo: eu obfirmo. Equivale a: perseverar; persistir.

OBJETAR

Verbo regular. 1ª pessoa do singular do presente do indicativo: eu objeto. Equivale a: retorquir; contrapor; revidar; redarguir.

OBSESSÃO

Substantivo feminino. Plural: obsessões. Do latim *obsessio, onis*. Corresponde a: compulsão; motivação irresistível para realizar algo; empenho; atenção.

OBSESSIVO

Adjetivo variável em gênero e número. Obsesso + ivo. Equivale a: obsessor; obsidente; obsedante; recorrente; persistente.

OBSERVADOR

Adjetivo e substantivo masculino. Varia em gênero e número. Equivale a: espectador ferrenho; espreitador; notador; avaliador; analista.

OBSERVÂNCIA

Substantivo feminino. Plural: observâncias. Do latim *observantia*. O mesmo que: observação; advertência; reparo.

OBSERVANTE

Adjetivo de dois gêneros e substantivo de dois gêneros. Plural: observantes. Equivale a: observador; atento; activista; obsequente.

OBSTÁCULO

❝ Substantivo masculino. Plural: obstáculos. O mesmo que: dificuldade; impedimento; empecilho; encalhe; obstrução. Para os obstinados: aquilo que se cria quando se perde o foco.

OBSTINAÇÃO

❝ Substantivo feminino. Plural: obstinações. Do latim *obstinatio, onis*. O mesmo que: insistência; teimosia; obcecação; cisma; pessoa com afeição excessiva às suas próprias convicções.

OBSTINADAMENTE

❝ Advérbio. Invariável. Relaciona-se a um verbo, adjetivo ou outro advérbio. Obstinado + o sufixo mente. Equivale a: teimosamente; pertinazmente; porfiamente; inflexivelmente; obcecadamente.

OBSTINADO

❝ Adjetivo variável em gênero e número. Substantivo variável em gênero e número. Do latim *obstinatu*. Corresponde a: persistente; insistente; teimoso; inflexível; pertinaz.

OBSTINAR

Verbo regular. 1ª pessoa do singular do presente do indicativo: eu obstino. Do latim *obstinare*. Equivale a: persistir; agarrar-se; manter-se; teimar.

OBSTAR

Verbo regular. 1ª pessoa do singular do presente do indicativo: eu obsto. Do latim *obstare*. Corresponde a: impedir; atravancar; atrancar; bloquear; pejar; ingurgitar; obturar.

OBUMBRAÇÃO

Substantivo feminino. Plural: obumbrações. Do latim *obumbratio*. O mesmo que: ofuscação; obliteração; desassossego; entenebrecimento.

OPEROSO

Adjetivo variável em gênero e número. Do latim *operosus, a, um*. Corresponde a: trabalhoso; difícil; árduo; laborioso; fadigoso; assoberbante; embaraçoso.

OPIMO
> Adjetivo variável em gênero e número. Equivale a: fértil; feraz; produtivo; ubertoso; criador; abundante

OPINIÁTICO
> Adjetivo variável em gênero e número. O mesmo que: contumaz; teimoso; marroaz; obstinado; casmurro; persistente; capitoso.

OPINIOSO
> Adjetivo. Flexiona-se em gênero e número. Carga semântica: capitoso; casmurro; cabeçudo; aferrado.

OPÍPARO
> Adjetivo variável em gênero e número. Equivale a: sumptuoso; magnificente; esplêndido; faustoso; majestoso.

OPORTUNIDADE
> Substantivo feminino. Plural: oportunidades. Do latim *opportunitas, atis*. Equivale a: ensejo; ocasião; conveniência.

OPOSIÇÃO

Substantivo feminino. Plural: oposições. Do latim *oppositio, onis*. O mesmo que: contestação; antagonismo; embate; contraposição; choque; divergência.

OPOSTO

Adjetivo variável em gênero e número. Particípio irregular do verbo opor. Do latim *oppositus, a, um*. O mesmo que: adverso; contrário; avesso; infenso; oponente; desfavorável.

ORGANIZADOR

Substantivo variável em gênero e número. Corresponde a: elaborador; orquestrados; administrador; arranjador; cazembe; contratador.

OSSIFICADO

Adjetivo variável em gênero e número. Particípio regular do verbo ossificar. O mesmo que: endurecido como osso; enrijecido; sem flexibilidade.

OSTENSIVO

Adjetivo variável em gênero e número. Do latim *ostensivus, a, um*. O mesmo que: acintoso; deliberado; descerrado; visível; manifesto.

OTIMISMO

Substantivo masculino. Plural: otimismos. Do latim *optimus* + ismo. Equivale a: não ser negativista; alto-astral; ser positivo em tudo que realiza.

OTIMIZAR

Verbo regular. 1ª pessoa do singular do presente do indicativo: eu otimizo. Ótimo + izar. Corresponde a: aperfeiçoar; aprimorar; requintar; lapidar; esmerilhar.

OUSADO

Adjetivo variável em gênero e número. Particípio regular do verbo ousar. O mesmo que: audaz; corajoso; valente; impávido; atrevido; arrojado.

OUSAR

Verbo regular. 1ª pessoa do singular do presente do indicativo: eu ouso. Do latim *ousare*. Corresponde a: atrever; afoitar; expor; arrojar; empreender; atirar.

OXIGENAR

Verbo regular. 1ª pessoa do singular do presente do indicativo: eu oxigeno. Seu sentido: enrijar; fortalecer; revitalizar; robustecer; tonificar; vigorizar ideias e planejamentos.

PACIENCIOSO

Adjetivo variável em gênero e número. Corresponde a: paciente; firmeza; cauteloso; perseverante.

PADECENTE

Adjetivo de dois gêneros e substantivo de dois gêneros. Padecer + ente. Corresponde a: padecedor; longânime; desgostoso; arrotador.

PALINURO

Adjetivo e substantivo. Feminino: palinura. Flexiona-se também em número. Corresponde a: aviador; sabedor; prático; aeronauta.

PANTURRA

Substantivo feminino. Plural: panturras. Equivale a: ascendência; capacidade; envergadura; disposição.

PAREDRO

Substantivo, variável em gênero e número. Do latim *paredros, i*. O mesmo que: maioral; conselheiro; líder; precetor; aqueme; diamante-mandarim.

PATENTEADOR

Adjetivo e substantivo. Varia em gênero e número. Patentear + sufixo dor. O mesmo que: pessoa que fixa patente ou que patenteia; patentizar; franquear; espelhar; desvendar.

PAUTADO

Adjetivo. Forma nominal do verbo pautar no particípio. Varia em gênero e número. Equivale a: metódico; regrado; prudente; regular; comedido.

PELEJADOR

Adjetivo e substantivo. Varia em gênero e número. Equivale a: lidador; gladiador; combatente; brigante; pugnador; pugnaz; rusguento.

PENETRANTE

Adjetivo de dois gêneros. Plural: penetrantes. Do latim *penetrans, antis*. Corresponde a: agudo; perspicaz; profundo; percuciente; sagaz.

PENSAR (diferente)
" Verbo regular. 1ª pessoa do singular do presente do indicativo: eu penso. Do latim *pensare*. Equivale a: considerar novos caminhos; excogitar; conceber novas iniciativas; ponderar; especular veredas ainda não vistas; razoar novos caminhos.

PERFECTIBILIDADE
" Substantivo feminino. Plural: perfectibilidades. Perfectível + (i) + dade. Corresponde a: perfeição; inerrância; indefectibilidade; inevitabilidade.

PERRARIA
" Substantivo feminino. Plural: perrarias. Perro + aria. Corresponde a: birra; perrice; pirraça; teimosia; caturrismo; embirração.

PERCUSSOR
" Adjetivo e substantivo. Varia em gênero (percussora) e número. O mesmo que: percutidor; percutor.

PERDURABILIDADE
" Substantivo feminino. Plural: perdurabilidades. Equivale a: perenidade; além-mundo; continuidade; imperecibilidade.

PEREGRINADOR

❝ Adjetivo e substantivo. Varia em gênero (peregrinadora) e número. Do latim *peregrinatore*. O mesmo que: adventício; peregrinante; viajante; apóstolo; arribadiço.

PEREMPTÓRIO

❝ Adjetivo variável em gênero e número. Do latim *peremptorius, a, um*. Equivale a: categórico; imperatório; autoritário; terminante.

PERFECTÍVEL

❝ Adjetivo de dois gêneros. Plural: perfectíveis. Do latim *perfectus, a, um*. Corresponde a: suscetível de ser aperfeiçoado; aquele que pode ser melhorado; aquele que está sempre se ressignificando.

PERFORMANCE

❝ Substantivo feminino. Do inglês *performance*. Corresponde a: desempenho; representação; atuação; conduta. Os obstinados trazem expressiva performance.

PERFULGENTE

Adjetivo de dois gêneros. Plural: perfulgentes. Do latim *perfulgente*. Corresponde a: flamante; resplandecente; fúlgido; refulgente; resplendoroso.

PERITO

Adjetivo e substantivo. Varia em gênero e número. Do latim *peritus, a, um*. Equivale a: sabedor; experiente; sábio; entendido; experto.

PERMANÊNCIA

Substantivo feminino. Plural: permanências. Do latim *permanentia, ae*. Corresponde a: persistência; afinco; imanência; tenacidade.

PERMANENTE

Adjetivo de dois gêneros; substantivo de dois gêneros. Plural: permanentes. Do latim *permanens, entis*. Equivale a: duradouro; estável; manente; permanecente; incessante; contínuo.

PERRARIA

Substantivo feminino. Plural: perrarias. Perro + aria. Corresponde a: birra; teimosia; acinte; peretinácia.

PERRICE
> Substantivo feminino. Plural: perrices. Corresponde a: teimosia; birra; pirraça; teima; teimosice; afincamento; obstinação.

PERRO
> Adjetivo e substantivo masculino. Varia em gênero e número. Do espanhol *perro*. Corresponde a: persistente; obstinado; marroaz; renitente; cabeçudo.

PERSEVERANÇA
> Substantivo feminino. Plural: perseveranças. Do latim *perseverantia, ae*. Corresponde a: constância; persistência; tenacidade; firmeza; obstinação; pertinácia.

PERSEVERANTE
> Adjetivo de dois gêneros. Plural: perseverantes. Do latim *persevera, antis*. Equivale a: firme; inabalável; tenaz; persistente; consistente; contumaz.

PERSISTÊNCIA
> Substantivo feminino. Plural: persistências. Persistir + ência. Corresponde a: porfia; imanência; insistência; resistência; aferro.

PERSISTENTE

Adjetivo de dois gêneros. Plural: persistentes. Do latim *persistens, entis*. Equivale a: firme; revel; capitoso; perseverante; amarroado; ferrenho.

PERSCRUTAR

Verbo regular. Do latim *perscrutare*. Corresponde a: percorrer; sondar; esquadrinhar; esmerilhar; perquirir; esmiuçar.

PERSPICÁCIA

Substantivo feminino. Plural: perspicácias. Do latim *perspicácia, ae*. Corresponde a: agudeza; sutileza; subtileza; acuidade; sagacidade.

PERSPICUIDADE

Substantivo feminino. Plural: perspicuidades. Do latim *perspicultas, atis*. O mesmo que: nitidez; limpidez; diafanidade; perceptibilidade; precisão; clareza; transparência.

PERTINÁCIA

Substantivo feminino. Plural: pertinácias. Do latim *pertinatia, ae*. Seu sentido: obstinação; relutância; tenacidade; perrice; birra.

PERTINAZ
Adjetivo de dois gêneros. Plural: pertinazes. Do latim *pertinax, acis*. Corresponde a: tenaz; obstinado; insistente; turrão.

PERVICÁCIA
Substantivo feminino. Plural: pervicácias. Do latim *pervicacia, ae*. Corresponde a: teimosia; pertinácia; obstinação; perseverança.

PERVICAZ
Adjetivo de dois gêneros. Plural: pervicazes. Do latim *pervicace*. Equivale a: casmurro; acérrimo; contumaz; persistente; porfiado; turrão.

PIRRONICE
Substantivo feminino. Plural: pirronices. Pirrônico+ice. Corresponde a: caturrice; pirraça; teimosia; perraria.

PIRRÔNICO
Adjetivo variável em gênero e número. Corresponde a: casmurro; obstinado; recalcitrante; acirrado; testudo.

PIRRONISMO
Substantivo masculino. Plural: pirronismos. Equivale a: ceticismo; teimosia; obstinação; cisma.

PLACIDEZ
Substantivo feminino. Plural: placidezes. Plácid(o) + ez. Corresponde a: serenidade; amenidade; quietude; blandície; blandícia; relego.

PLANEJAR
Verbo regular. 1ª pessoa do singular do presente do indicativo: eu planejo. Corresponde a: esboçar; maquinar; arquitetar; planear; idear; incubar; projetar; programar sonhos; alinhavar.

PLANEJAMENTO
Substantivo masculino. Plural: planejamentos. Planejar + mento. Equivale a: programação; planificação; ideação; concepção; arquitectação; premeditação.

PLANTAR
Verbo regular. 1ª pessoa do singular do presente do indicativo: eu planto. Do latim *plantare*. Corresponde a: instituir; cultivar; estabelecer; instaurar; criar.

POLARIDADE
Substantivo feminino. Plural: polaridades. Polar + i + dade. Corresponde a: entusiasmo; galvanização; animação; polarização.

POLIMORFO
Adjetivo variável em gênero (polimorfa) e número. Do grego *polumórphos, os, on*. Corresponde a: multiforme; variado; pluriforme; multímodo.

PORFIA
Substantivo feminino. Plural: porfias. Do latim *perfídia, ae*. Corresponde a: tenacidade; teima; discussão; obstinação; constância.

PORFIADO
Adjetivo variável em gênero e número. Forma nominal do verbo porfiar no particípio. Equivale a: tenaz; renhido; perro; teimoso; opiniático.

PORFIANTE
Adjetivo variável em número apenas. Corresponde a: acasmurrado; afincado; ferrenho; teimoso.

PORFIOSO

Adjetivo variável em gênero e número. Equivale a: persistente; incessante; permanente; tenaz; constante; obstinado; acasmurrado.

PORMENORIZADO

Adjetivo variável em gênero e número. Forma nominal do verbo pormenorizar no particípio. Equivale a: minucioso; detalhado; meticuloso; delineado.

POTENCIALIZAR-SE

Verbo regular. 1ª pessoa do singular do presente do indicativo: eu me potencializo ou potencializo-me. Potencial + izar. O mesmo que: reforçar-se; vigorar-se; fortalecer-se; revitalizar-se.

PORTENTOSO

Adjetivo variável em gênero e número. Do latim *portentosus, a, um*. Equivale a: admirável; prodigioso; mirífico; estupendo; excelente.

POSITIVIDADE

Substantivo feminino. Plural: positividades. Positivo + (i) + dade. O mesmo que: pessoa otimista; aquele não negativista; o que acredita no que planeja e faz.

POTESTADE

Substantivo feminino. Plural: potestades. Do latim *potestas, atis*. Corresponde a: poder; vigor; poderio; domínio; capacidade; gládio.

PRAGMÁTICO

Adjetivo variável em gênero e número. Do latim *pragmaticus, a, um*. Corresponde a: cadimo; costumário; frequente; experiente; prático.

PRAGMATISMO

Substantivo masculino. Plural: pragmatismos. Do inglês *pragmatism*. Equivale a: ativismo; experimentalismo; empiricismo; experiencialismo; empirismo.

PRECATAR

Verbo regular. 1ª pessoa do singular do presente do indicativo: eu precato. Equivale a: premunir; prevenir; precaver; resguardar; custodiar; proteger.

PRECAUÇÃO

Substantivo feminino. Plural: precauções. Do latim *praecautio, onis*. O mesmo que: ponderação; cuidado; cautela; resguardo; tento; siso.

PRECÍPITE

Adjetivo de dois gêneros. Plural: precípites. Equivale a: apressado; precipitoso; célere; rápido; alvoroçado; azafamado; impaciente; pressuroso.

PRECISÃO

Substantivo feminino. Plural: precisões. Do latim *praecisio, onis*. Corresponde a: rigor; exatidão; pontualidade; privação; justeza; desprovimento; rigorismo.

PRECLARO

Adjetivo variável em gênero e número. Do latim *praeclarus, a, um*. Equivale a: insigne; notável; ínclito; exímio; eminente.

PREMÊNCIA

Substantivo feminino. Plural: premências. Premir + ência. Corresponde a: urgência; advento; necessidade; desencadeamento; eclosão.

PREMUNIR

Verbo regular. 1ª pessoa do singular do presente do indicativo: eu premuno. Do latim *praemunire*. O mesmo que: precaver; acautelar; cuidar; precatar; advertir; defender; preservar.

PREPARAÇÃO

Substantivo feminino. Plural: preparações. Do latim *praeparatione*. Equivale a: elaboração; aprestamento; composição; aprontamento; acabamento; concepção.

PREPARAR-SE

Verbo regular. 1ª pessoa do singular do presente do indicativo: eu me preparo. Está na voz reflexiva. Equivale a: dispor-se; formar-se; organizar-se; aprontar-se; alinhavar-se; tecer-se.

PREPONDERANTE

Adjetivo variável apenas em número (preponderantes). Corresponde a: altivo; dominador; predominante; o mais alto na escala; preeminente.

PRESCIENTE
Adjetivo de dois gêneros. Plural: prescientes. Equivale a: previdente; acautelado; ciente previamente do porvir.

PRESENTE
Adjetivo de dois gêneros. Plural: presentes. Do latim *praesens, entis*. Corresponde a: comparecente; contemporâneo; efetivo.

PRESERVAÇÃO
Substantivo feminino. Plural: preservações. Preservar + ção. Corresponde a: manutenção; conservação; sustentação; apólice; caução.

PRESSÁGIO
Substantivo masculino. Plural: presságios. Do latim *praesagiium, ii*. Equivale a: prognóstico; augúrio; vaticínio; prenúncio; previsão; auspício.

PRESSUROSO
Adjetivo variável em gênero e número. Pressa + oso. Corresponde a: afobado; irrequieto; apressado; impaciente.

PRESTEZA
Substantivo feminino. Plural: prestezas. Preste + eza. Corresponde a: rapidez; diligência; desembaraço; agilidade.

PRESTIMOSO
Adjetivo variável em gênero e número. Préstimo + oso. Corresponde a: obsequiador; servidor; prestativo; libente; útil.

PRETENSIOSO
Adjetivo e substantivo. Varia em gênero e número. Do francês *prétentieux*. Corresponde a: presunçoso; jactancioso; imodesto; altivo; presumido; pedante.

PREVALÊNCIA
Substantivo feminino. Plural: prevalências. Do latim *praevalentia, ae*. Equivale a: primazia; preeminência; ascendência; primado; superioridade.

PREVIDENTE
Adjetivo de dois gêneros. Plural: previdentes. Do latim *praevidens, entis*. Corresponde a: prevenido; prudente; cauteloso; advertido; provido; mesurado.

PRIMAZ

Adjetivo de dois gêneros e substantivo de dois gêneros. Plural: primazes. O mesmo que: líder; dignitário.

PROATIVIDADE

Substantivo feminino. Plural: proatividades. Proativo + (i) + dade. Corresponde a: diligência; presteza; postura ativa; prontidão.

PROBANTE

Adjetivo de dois gêneros. Plural: probantes. Equivale a: comprovador; conteste; comprovativo.

PROBIDADE

Substantivo feminino. Plural: probidades. Do latim *probitas, atis*. Corresponde a: honradez; pundonor; compostura; brio.

PROCACIDADE

Substantivo feminino. Plural: procacidades. O mesmo que: desaforo; atrevimento; destemor; ardidez; bravura; coragem.

PROCAZ

Adjetivo de dois gêneros. Plural: procazes. Do latim *petulantia, ae*. O mesmo que: insolente; protervo; arrebitado; abusado; impertinente.

PROCERIDADE

Substantivo feminino. Plural: proceridades. Do latim *proceritate*. Corresponde a: corpulência; vigor; altura.

PRODIGIOSO

Adjetivo variável em gênero e número. Do latim *prodigiosius, a, um*. Corresponde a: extraordinário; portentoso; assombroso; maravilhoso; fantástico; excelso.

PRODUTIVO

Adjetivo variável em gênero e número. Do latim *productivus, a, um*. O mesmo que: fecundo; opimo; úbere; rico; feraz; frutuário; abundante.

PRODUTOR

Substantivo e adjetivo variáveis. Feminino: produtora. Plural: produtores. Do latim *productore*. O mesmo que: artífice; autor; fabricador; progenitor.

PROFICIÊNCIA

Substantivo feminino. Plural: proficiências. Profic(ente) + ência. Corresponde a: proficuidade; utilidade; competência; habilidade.

PROFICIENTE

Adjetivo de dois gêneros. Plural: proficientes. Do latim *proficiens, entis*. O mesmo que: hábil; proficuo; habilidoso; engenhoso; desembaraçado; ágil.

PROGRAMAR-SE

Verbo regular e pronominal na voz reflexiva. 1ª pessoa do singular do presente do indicativo: eu me programo ou programo-me (esta última é formal quanto à colocação pronominal). Corresponde a: planejar-se; bosquejar-se; antolhar-se; adumbrar-se; alinhavar-se; detalhar-se.

PROJEÇÃO

Substantivo feminino. Plural: projeções. Do latim *projectio, onis*. Equivale a: relevo; arrojo; dardejamento; arremesso; impulso; realce.

PROJETO (de vida)

❝ Substantivo masculino. Plural: projetos. Do latim *projectus, us*. O termo corresponde a: aquele que sonha grande e realiza um planejamento para viver cada etapa até a concretização do que foi sonhado; o que tem propósito de vida.

PROLÍFICO

❝ Adjetivo variável em gênero e número. Prol (i) + fico. Corresponde a: produtivo; fecundo; fértil; ubertoso; criativo; operoso.

PROMOVER

❝ Verbo regular. 1ª pessoa do singular do presente do indicativo: eu promovo. Equivale a: germinar; acarrear; desempenhar; originar; causar; levantar; produzir.

PROPULSOR

❝ Adjetivo e substantivo. Flexiona-se em gênero e número. Corresponde a: impulsor; instigador; acionador; agenciador; causador.

PROSPERAR

Verbo regular. 1ª pessoa do singular do presente do indicativo: eu prospero. Do latim *prosperare*. Equivale a: crescer; enriquecer; opulentar; expandir; locupletar.

PROSPERIDADE

Substantivo feminino. Plural: prosperidades. Do latim *prosperitatis*. Corresponde a: avanço; desenvolvimento; crescimento; fortuna; abundância.

PROTÉRVIA

Substantivo feminino. Plural: protérvias. Do latim *protervia, ae*. Corresponde a: insolência; atrevimento; desaforo; desfaçatez; audácia.

PROTERVO

Adjetivo variável em gênero e número. Do latim *protervus, a, um*. Corresponde a: procaz; atrevido; insolente; petulante; desaforado.

PRÓVIDO

Adjetivo. Variável em gênero e número. Do latim *providu*. O mesmo que: previdente; precatado; ardiloso; aplicado; acautelado.

PROVIMENTO

❝ Substantivo masculino. Plural: provimentos. Prover + (i) mento. Equivale a: aprovisionamento; provisão; abastecimento; mentimento; providência; resguardo; riqueza.

PROVISÃO

❝ Substantivo feminino. Plural: provisões. Do latim *provisio, onis*. Equivale a: abastecimento; disposição; provimento; riqueza; uberdade; afluência.

PRUDÊNCIA

❝ Substantivo feminino. Plural: prudências. Do latim *prudentia, ae*. Corresponde a: tino; cuidado; cautela; sensatez; prumo; método; propósito.

PULSO

❝ Substantivo masculino. Varia apenas em número: pulsos. Significa: energia; força; fortaleza; garra; potência; dinamismo.

QUALIFICAR-SE

❝ Verbo regular, pronominal. 1ª pessoa do singular do presente do indicativo: eu me qualifico ou qualifico-me. Do latim *qualificare*. Equivale a: classificar; capitular; nomear; designar; nobilitar; abonar.

QUEBRAR PARADIGMAS

❝ Verbo regular seguido de seu complemento (objeto direto). Corresponde a: não agir com inércia diante de padrões ou modismos; ressignificar-se; reconfigurar-se continuamente; ser líquido.

QUERELANTE

❝ Adjetivo de dois gêneros e substantivo de dois gêneros. Plural: querelantes. Corresponde a: queixoso; querelador; mal-humorado.

QUERER (intensamente)

❝ Verbo irregular. 1ª pessoa do singular do presente do indicativo: eu quero. Do latim *quaerere*. O mesmo que: desejar sem hesitar; pretender enormemente; aspirar ardentemente; arder obstinadamente por.

QUESTIONAR

❝ Verbo regular. 1ª pessoa do singular do presente do indicativo: eu questiono. Corresponde a: discutir; argumentar; ser arguente; ser polemista.

QUIMÉRICO

❝ Adjetivo, variável em gênero e número. Corresponde a: imaginário; fabuloso; ilusório; umbrático; fantástico.

RABINICE

Substantivo feminino. Plural: rabinices. Rabino + ice. Corresponde a: impertinência; amuo; contrariedade.

RATICE

Substantivo feminino. Plural: ratices. Rat(ão) + ice. Equivale a: individualidade; excentricidade; esbanjamento; estúrdia.

REAGENTE

Adjetivo de dois gêneros; substantivo de dois gêneros. Plural: reagentes. Do latim *reagens, entis*. O mesmo que: reativo; pessoa capaz de reagir; aquele que resiste.

REBATER

Verbo regular. 1ª pessoa do singular do presente do indicativo: eu rebato. O mesmo que: represar; arguir; enfrear; brecar; conter.

RECALCITRANTE

Adjetivo de dois gêneros e substantivo de dois gêneros. Plural: recalcitrantes. Recalcitrar + ante. Resistente; afincado; renitente; rebelde.

RECALCITRAR

Verbo regular. 1ª pessoa do singular do presente do indicativo: eu recalcitro. Do latim *recalcitrare*. Corresponde a: amuar; encafifar; entesar; insistir; martelar; porfiar; caturrar; empeiticar.

RECATO

Substantivo masculino. Plural: recatos. Forma regressiva de recatar. Equivale a: reserva; decoro; virtude; caução.

RECAVAR

Verbo regular. 1ª pessoa do singular do presente do indicativo: eu recavo. Prefixo re + verbo cavar. O mesmo que: cavar novamente; insistir; extrair repetidas vezes; rebuscar.

RECHAÇAR

Verbo regular. 1ª pessoa do singular do presente do indicativo: eu rechaço. Equivale a: repelir; excluir; rebater; confutar; arredar; contestar.

RECICLAR

Verbo regular. 1ª pessoa do singular do presente do indicativo: eu reciclo. Corresponde a: reaproveitar; renovar; amodernar; juvenescer; atualizar.

RECONFIGURAR

Verbo regular. 1ª pessoa do singular do presente do indicativo: eu reconfiguro. Equivale a: realizar nova configuração; renovar; voltar a ressignificar; novamente atualizar.

RECONSTRUIR

Verbo regular. 1ª pessoa do singular do presente do indicativo: eu reconstruo. Do latim *reconstruere*. Equivale a: refazer; reorganizar; reedificar; restaurar; reestruturar.

REFINADOR
> Adjetivo e substantivo variável em gênero e número. Refinar + dor. Corresponde a: aquele que refina; o que aprimora; aquele que aperfeiçoa.

REFINAMENTO
> Substantivo masculino. Plural: refinamentos. Refinar + mento. Corresponde a: aperfeiçoamento; aprimoramento; refinação; refinadura; sutileza; acabamento; eumatia.

REFLEXÃO
> Substantivo feminino. Plural: reflexões. Do latim *reflexio, is*. Corresponde a: especulação; ponderação; prumo; consideração.

REFORÇAR
> Verbo regular. 1ª pessoa do singular do presente do indicativo: eu reforço. Corresponde a: avigorar; potencializar; enrijecer; revigorar; fortificar.

REFORMULAR
Verbo regular. 1ª pessoa do singular do presente do indicativo: eu reformulo. Equivale a: reestruturar; reorganizar; reformar.

REFRATÁRIO
Adjetivo e substantivo. Varia em gênero e número. Do latim *refractarius, a, um*. Imune; teimoso; rebelde; esquivo.

REFUGAR
Verbo regular. 1ª pessoa do singular do presente do indicativo: eu refugo. Do latim *refugare*. O mesmo que: estacar; esbarrar; embicar; parar; desprezar; rejeitar; enfusar; renegar.

REFUNDIR
Verbo regular. 1ª pessoa do singular do presente do indicativo: eu refundo. Corresponde a: converter; metamorfosear; transmudar; demudar.

REFUTAÇÃO

Substantivo feminino. Plural: refutações. Do latim *refutatio, onis*. O mesmo que: contestação; réplica; rebatida; contradita; objeção; impugnação; oposição.

REFUTADOR

Adjetivo variável em gênero e número. Trata-se também de substantivo, variável em gênero e número. Refutar + dor. Equivale a: aquele que contesta; o que rebate; quem contrasta.

REGENTE

Adjetivo de dois gêneros e substantivo de dois gêneros. Plural: regentes. Do latim *regens, entis*. Corresponde a: regedor; prior; cura; administrador; contratador.

REGRADO

Adjetivo variável em gênero (regrada) e número. Particípio regular de regrar. Equivale a: metódico; pautado; comedido; acertado.

REJEIÇÃO

Substantivo feminino. Plural: rejeições. Do latim *rejectio, onis*. Corresponde a: recusa; enjeitamento; negação; repulsa; abjuração.

REJEITAR

Verbo regular. 1ª pessoa do singular do presente do indicativo: eu rejeito. Do latim *rejectare*. Equivale a: recusar; renegar; arrenegar; repelir; vilipendiar; refutar.

REINCIDÊNCIA

Substantivo feminino. Plural: reincidências. Reincid(ir) + ência. Corresponde a: obstinação; relutância; tenacidade; afincamento.

REITERAR

Verbo regular. 1ª pessoa do singular do presente do indicativo: eu reitero. Corresponde a: iterar; regressar; restituir; repostar; renovar; reencetar.

RELAPSÃO

Substantivo feminino. Plural: relapsões. Relapso + ão. O mesmo que: obstinação; pertinácia; teimosia; reincidência.

RELAPSIA

Substantivo feminino. Plural: relapsias. Relaps(o) +ia. Equivale a: resistência; firmeza; oposição; força; teimosia.

RELEVÂNCIA

Substantivo feminino. Plural: relevâncias. Relevar + sufixo ância. Corresponde a: relevo; influência; projeção; protuberância; ressalto; destaque.

RELUTÂNCIA

Substantivo feminino. Plural: relutâncias. Relutar + ância. Corresponde a: pertinácia; obstinação; renitência; rebeldia; capricho; birra.

RELUTANTE

Adjetivo de dois gêneros. Plural: relutantes. Do latim *reluctans, antis*. Corresponde a: obstinado; teimoso.

RELUTAR

Verbo regular. 1ª pessoa do singular do presente do indicativo: eu reluto. Equivale a: aguentar; resistir; suportar; digerir; durar; segurar; tolerar.

REMENICAR

Verbo regular. 1ª pessoa do singular do presente do indicativo: eu remenico. Equivale a: retorquir; replicar; retrucar; revidar; ripostar; arremenicar.

REMODELAR

Verbo regular. 1ª pessoa do singular do presente do indicativo: eu remodelo. Corresponde a: renovar; modificar; reestruturar; reconstruir; reedificar.

RENHIR

Verbo regular. No presente do indicativo, conjuga-se apenas a 1ª pessoa do plural e a 2ª pessoa do plural: renhimos e renhis, respectivamente. Corresponde a: contender; arguir; querelar; testilhar; litigar; esgrimir; pelejar.

RENITÊNCIA

Substantivo feminino. Plural: renitências. Do latim *renitentia, ae*. Equivale a: teimosia; tenacidade; obstinação; perrice; aferro; batalhação; obcecação.

RENITENTE
❝ Adjetivo de dois gêneros e substantivo de dois gêneros. Plural: renitentes. Do latim *renitens, entis*. Equivale a: pertinaz; obstinado; tenaz; acirrado.

RENITIR
❝ Verbo regular. 1ª pessoa do singular do presente do indicativo: eu renito. Do latim *renitere*. Equivale a: insistir; teimar; caturrar; enfincar.

REPELENTE
❝ Adjetivo de dois gêneros. Plural: repelentes. Do latim *repellens, entis*. Trata-se também de substantivo masculino. Corresponde a: vil; sórdido; torpe; repugnante.

REPELIR
❝ Verbo irregular. No presente do indicativo, não apresenta a 1ª pessoa do singular: tu repeles; ele repele; nós repelimos; vós repelis; eles repelem. Do latim *repellere*. Seu sentido: rechaçar; rejeitar; repudiar; expulsar; opor.

REPLICAR

Verbo regular. 1ª pessoa do singular do presente do indicativo: eu replico. Corresponde a: retrucar; contrapor; recalcitrar; objetar; ilidir; contrariar; impugnar.

REPRESAR

Verbo regular. 1ª pessoa do singular do presente do indicativo: eu represo. Corresponde a: reprimir; conter; brecar; comedir; dominar.

REPROGRAMAR-SE

Verbo regular e pronominal na voz reflexiva. 1ª pessoa do singular do presente do indicativo: eu me reprogramo (informal) ou reprogramo-me (formal quanto à colocação pronominal). Corresponde a: reconfigurar-se; renovar-se; remodelar-se.

REPUDIAR

Verbo regular. 1ª pessoa do singular do presente do indicativo: eu repudio. Do latim *repudiare*. Equivale a: rejeitar; repelir; recusar; denegar; depreciar.

REPULSA
Substantivo feminino. Plural: repulsas. Do latim *repulsa, ae*. Corresponde a: aversão; repulsão; negação; denegação.

RESILIÊNCIA
Substantivo feminino. Plural: resiliências. Do latim *resilientia, ae*. O mesmo que: dobrez; maleabilidade; adequabilidade; elastério.

RESILIENTE
Adjetivo de dois gêneros. Plural: resilientes. Do latim *resiliens, entis*. Equivale a: superador de adversidades; aquele que resiste aos obstáculos; que elastece para vencer as adversidades.

RESISTÊNCIA
Substantivo feminino. Plural: resistências. Do latim *resistentia, ae*. O mesmo que: solidez; constância; firmeza; robustez; dureza.

RESISTENTE
Adjetivo de dois gêneros. Plural: resistentes. Corresponde a: duro; firme; casmurro; forte; insistente.

RESOLUTO
Adjetivo variável em gênero e número. Do latim *resolutus, a, um*. Corresponde a: determinado; audaz; animoso; valoroso; aguerrido; valente.

REPTADOR
Adjetivo e substantivo. Varia em gênero e número. Reptar + dor. Corresponde a: provocador; desafiador; açulador; mordente; acirrante.

REPUTAÇÃO
Substantivo feminino. Plural: reputações. Do latim *reputatione*. Corresponde a: prestígio; notoriedade; título; celebridade.

RESPEITABILIDADE
Substantivo feminino. Plural: respeitabilidades. Corresponde a: integridade; honradez; hombridade; brio; probidade.

RESPONSABILIDADE
Substantivo feminino. Plural: responsabilidades. Responsável + dade. Corresponde a: encargo; peso; dever; garantia; fiança; obrigação.

RESSABIADO

Adjetivo variável em gênero e número. Forma nominal do verbo ressabiar no particípio. Corresponde a: melindrado; arisco; prevenido.

RESSIGNIFICAR

Verbo regular. 1ª pessoa do singular do presente do indicativo: eu ressignifico. Corresponde a: redefinir; reconfigurar-se; transmutar.

RETESADO

Adjetivo variável em gênero e número. Particípio regular do verbo retesar. O mesmo que: hirto; erecto; rígido; inteiriçado; altivo.

RETIDÃO

Substantivo feminino. Plural: retidões. Do latim *rectitudo*. Equivale a: inteireza; sisudeza; legitimidade; circunspecção; constitucionalidade; seriedade.

RETOCAR

Verbo regular. 1ª pessoa do singular do presente do indicativo: eu retoco. Equivale a: corrigir; endireitar; consertar; refundir.

RETUMBANTE

Adjetivo de dois gêneros. Plural: retumbantes. O mesmo que: altitonante; reboante; ressonante; agudo; argucioso; afinado.

REVEL

Adjetivo de dois gêneros e substantivo de dois gêneros. Plural: revéis. Do latim *rebelis, e*. O mesmo que: tenaz; insurreto; sublevado; obstinado.

REVIDAR

Verbo regular. 1ª pessoa do singular do presente do indicativo: eu revido. Corresponde a: contrapor; rezingar; replicar; objectar; recalcitrar.

REVOLUCIONÁRIO

Adjetivo variável em gênero; substantivo variável em gênero e número. Revolucionar + ário. Equivale a: vanguardista; pessoa favorável a transformações e progressões; inovador.

RIGIDEZ

Substantivo feminino. Plural: rigidezes. Rígido + ez. Corresponde a: severidade; intransigência; rudez; aperto; acerbidade; rijeza.

RIJEZA

❝ Substantivo feminino. Plural: rijezas. Rijo + eza. Corresponde a: rigidez; rigor; firmeza; intransigência; obstinação.

RIGOR

❝ Substantivo masculino. Plural: rigores. Do latim *rigore*. Corresponde a: austeridade; força; aspereza; inclemência; intransigência; justeza.

RIGOROSIDADE

❝ Substantivo feminino. Plural: rigorosidades. Rigoroso + (i)dade. Equivale a: rigor; acurácia; exatidão; mister; justeza.

RIGOROSO

❝ Adjetivo variável em gênero e número. Do latim *rigorosus*. Corresponde a: austero; rígido; estrito; exacto; preciso.

RIQUEZA

❝ Substantivo feminino. Plural: riquezas. Rico + eza. Corresponde a: abastança; patrimônio; uberdade; abastamento; acervo.

RITMADO

Adjetivo variável em gênero e número. Forma nominal do verbo ritmar no particípio. O mesmo que: cadenciado; acordante; canoro; rítmico; compassado.

RITMO

Substantivo masculino. Plural: ritmos. Do latim *rhythmus, i*. Equivale a: regularidade; compasso; andamento; celeridade; periodicidade.

RITO

Substantivo masculino. Plural: ritos. Do latim *ritus, us*. Corresponde a: praxe; manual; protocolo; ritual.

ROBUSTEZ

Substantivo feminino. Plural: robustezes. Robusto + ez. Corresponde a: vigor; resistência; exuberância; vitalidade.

ROMPANTE

Adjetivo de dois gêneros. Plural: rompantes. Equivale a: altivo; pretensioso; altanado; orgulhoso; desdenhoso; indômito.

RÓPIA

Substantivo feminino. Plural: rópias. Equivale a: altivez; intrepidez; coragem; ousadia.

SABATINAR

Verbo regular. 1ª pessoa do singular do presente do indicativo: eu sabatino. Equivale a: recordar; rememorar; condensar; epitomar; epilogar.

SACRIFÍCIO

Substantivo masculino. Plural: sacrifícios. Do latim *sacrificium, ii*. O mesmo que: abnegação; renúncia; resignação; abstenção; abstinência; abdicação.

SAFO

Adjetivo, variável em gênero e número. Derivação regressiva de safar. Corresponde a: independente; imune; livre; acostumado.

SAGAZ

Adjetivo de dois gêneros. Plural: sagazes. Do latim *sagax, acis*. O mesmo que: astuto; esperto; ardiloso; astucioso; solerte; fino.

SEDICIOSO

Adjetivo e substantivo. Varia em gênero e número. O mesmo que: insurrecto; insurgente; insubordinado; insubmisso; brigão; indomável.

SEGURO

Adjetivo variável em gênero e número. Equivale a: firme; agarrado; inabalável; infalível; eficaz.

SEM PRESSA

Preposição seguida de substantivo feminino (plural: pressas). Equivale a: paciente; não precipitado; cuidadoso; aquele que respeita as etapas do que foi planejado.

SEMEADOR

Adjetivo e substantivo. Variável em gênero e número. Equivale a: propagador; apregoador; sementeiro; divulgador.

SENHOREADOR

Adjetivo e substantivo. Varia em gênero e número. Senhorear + dor. Corresponde a: conquistador; dominante; soberano; antepotente; debelador.

SEQUAZ

Adjetivo de dois gêneros e substantivo de dois gêneros. Plural: sequazes. Do latim *sequax, acis*. Valor semântico: cúmplice; defensor; coalescente; continuador; perseguidor.

SERENIDADE

Substantivo feminino. Plural: serenidades. Do latim *serenitas, atis*. O mesmo que: placidez; placabilidade; quietude.

SERIEDADE

Substantivo feminino. Do latim *serietas, atis*. Corresponde a: decoro; probidade; rectidão; honradez; dignidade.

SEVERIDADE

Substantivo feminino. Plural: severidades. Do latim *severitas, atis*. O mesmo que: aspereza; dureza; firmeza; correção; crimeza.

SEVERO

Adjetivo variável em gênero e número. Do latim *severus, a, um*. Seu sentido: grave; ríspido; rijo; inexorável; grave.

SIMETRIA

Substantivo feminino. Plural: simetrias. Do latim *symmetria, ae*. O mesmo que: eurritmia; proporção; concórdia; consonância.

SÍNCRISE

Substantivo feminino. Plural: síncrises. Corresponde a: antítese; oposição; ser contrário.

SINCRONICIDADE

Substantivo feminino. Plural: sincronicidades. Sincrônico + ico. Corresponde a: coexistência; simultaneidade; equivalência; sincro.

SINGULAR
Adjetivo de dois gêneros e substantivo masculino. Plural: singulares. Do latim *singularis, e*. Equivale a: único; incomparável; original; particular; ímpar.

SISTEMÁTICO
Adjetivo, variável em gênero e número. Do latim *systematicus, a, um*. Equivale a: metódico; sistêmico; ordenado; funcional.

SOBERANIA
Substantivo feminino. Plural: soberanias. Soberano + ia. Equivale a: dominador; autonômico; imperante; dominador.

SOBRESTANTE
Adjetivo de dois gêneros e substantivo de dois gêneros. Plural: sobrestantes. De sobrestar. Corresponde a: iminente; proeminente; elevado; sobranceiro; adiantado.

SOBREPENSADO
Adjetivo variável em gênero e número. Sobre + pensado. Corresponde a: acinte; intencionalmente; categoricamente; em si.

SOBREPUJANÇA

Substantivo feminino. Plural: sobrepujanças. Sobrepuja (r) + ança. Corresponde a: excesso de qualidade; excelência; abundância; superioridade.

SOBRETEIMA

Advérbio e substantivo feminino. Plural do substantivo: sobreteimas. Sobre + teima. Corresponde a: pertinazmente; aferrenhadamente; obfirmadamente; obstinado; teimoso; inflexível.

SOBRIEDADE

Substantivo feminino. Plural: sobriedades. Do latim *sobrietas, atis*. Corresponde a: comedimento; temperança; reserva; discrição; prudência.

SOLÉRCIA

Substantivo feminino. Plural: solércias. Equivale a: astúcia; esperteza; agudeza; artimanha; sagacidade.

SOLIDEZ

Substantivo feminino. Plural: solidezes. Sólido + ez. Corresponde a: fortaleza; resistência; segurança; vigor.

SOLVÊNCIA

Substantivo feminino. Plural: solvências. Solver + ência. Equivale a: resolução; solvibilidade; explicação; contestação; contra-arrazoado; dissolubilidade.

SONHAR (sonhos grandes)

Verbo regular. 1ª pessoa do singular do presente do indicativo: eu sonho. Do latim *somniare*. O mesmo que: idealizar algo expressivo; idear feitos impossíveis; conceber edificações revolucionárias, que quebrem paradigmas.

SUASÓRIO

Adjetivo. Varia em gênero e número. Do latim *suasorius, a, um*. O mesmo que: persuasivo; eloquente; persuasível; frisante; persuador; decisivo.

SUCESSO

Substantivo masculino. Plural: sucessos. Do latim *sucessus, us*. Equivale a: êxito; fortuna; frutificação; esplendor.

SUPERAÇÃO

Substantivo feminino. Plural: superações. Do latim *superatio, onis*. Corresponde a: demasia; excesso; vantagem.

SUPERADOR (de adversidades)

Adjetivo variável em gênero e número. Também é substantivo variável. Plural: superadores. Superador + dor. Equivale a: aquele que vence dificuldades, obstáculos; aquele que se sobrepõe aos contrapontos. Todo obstinado é destemido, superando as dificuldades do caminho.

SÚPERO

Adjetivo variável em gênero e número. Corresponde a: superior; elevado; empíreo; excelente; supremo.

SUPINO

Adjetivo e substantivo. Variável em gênero e número. O mesmo que: eminente; excessivo; altivo; sublime; nobre; imódico; superno.

SUPORTAR

Verbo regular. 1ª pessoa do singular do presente do indicativo: eu suporto. Do latim *supportare*. Equivale a: aguentar; sustentar; experimentar; provar; estear.

SUPORTE

Substantivo masculino. Plural: suportes. Forma regressiva de suportar. Equivale a: apoio; esteio; alicerce; supedâneo; amparo.

SUPRASSUMO

Substantivo masculino, variável em gênero e número. Supra + sumo. Corresponde a: culminância; requinte; auge; aquele que está no grau mais alto.

SUPRIR

Verbo regular. 1ª pessoa do singular do presente do indicativo: eu supro. Do latim *supplere*. Corresponde a: prover; atender; providenciar; abastecer; munir.

SUSPEITA

Substantivo variável em gênero e número. Corresponde a: presunção; conjectura; desconfiança; pressuposição.

SUSPICAZ

Adjetivo de dois gêneros. Plural: suspicazes. Equivale a: duvidoso; arisco; desconfiado; intrigado; escuso.

SUSTER

Verbo irregular. 1ª pessoa do singular do presente do indicativo: eu sustenho. Corresponde a: conter; reprimir; comedir; embridar; rebater; aguentar.

TALENTOSO

Adjetivo variável em gênero e número. Talento + oso. O mesmo que: engenhoso; inventivo; hábil; perspícuo; dedáleo; desenvolto.

TÁTICO

Adjetivo variável em gênero e número. Equivale a: astucioso; hábil; estratégico.

TAUTOCRONIA

Substantivo feminino. Plural: tautocronias. Tauto + crono + ia. Equivale a: sobreposição; sincronização; coexistência.

TEIMA

Substantivo feminino. Plural: teimas. Equivale a: obstinação; caturrice; teimosia; teimosice; cisma.

TEIMAR
Verbo regular. 1ª pessoa do singular do presente do indicativo: eu teimo. Teima + ar. Corresponde a: insistir; martelar; turrar; amarrar; obstinar.

TEIMICE
Substantivo feminino. Plural: teimices. Teima + ice. Corresponde a: birra; teimosice; embirração; cisma.

TEIMOSIA
Substantivo feminino. Plural: teimosias. Teimoso + ia. Corresponde a: caturrice; obstinação; perrice; relutância.

TEIMOSO
Adjetivo variável em gênero e número. Teima + oso. Equivale a: acérrimo; birrento; embirrento; capitoso; obstinado.

TEMPESTUAR
Verbo regular. 1ª pessoa do singular do presente do indicativo: eu tempestuo. Equivale a: aperrear; apoquentar; atormentar; aborrecer; perseguir.

TEMPORIZAR
Verbo regular. 1ª pessoa do singular do presente do indicativo: eu temporizo. Tempo + izar. O mesmo que: retardar; espaçar; adiar; protelar; lardear.

TENACIDADE
Substantivo feminino. Plural: tenacidades. Do latim *tenacitas, atis*. O mesmo que: obstinação; permanência; insistência; contumácia.

TENAZ
Adjetivo de dois gêneros e substantivo feminino. Plural: tenazes. Do latim *tenax, acis*. Corresponde a: persistente; firme; acirrado; obstinado.

TENÇÃO
Substantivo feminino. Plural: tenções. Do latim *tentionem*. Corresponde a: intento; mira; propósito; fim; desígno; alvo; decisão.

TENÊNCIA
Substantivo feminino. Plural: tenências. Equivale a: energia; garra; firmeza; fibra; praxe.

TERSO
❝ Adjetivo masculino. Plural: tersos. Equivale a: luzidio; límpido; asseado; absterso.

TESTUDO
❝ Adjetivo variável em gênero e número. Corresponde a: cabeçudo; amarrotado; capitoso; aferrado; marroaz.

TIMBROSO
❝ Adjetivo variável em gênero e número. Equivale a: meticuloso; timorato; cauteloso; minucioso; assíduo.

TINETA
❝ Substantivo feminino. Plural: tinetas. O mesmo que: capricho; pertinácia; obstinação; cisma.

TOLDAR-SE
❝ Verbo regular na forma pronominal, voz reflexiva. 1ª pessoa do singular do presente do indicativo: eu me toldo (informal quanto à colocação pronominal) ou toldo-me (formal quanto à

colocação pronominal). Corresponde a: anuviar-se; encarrancar-se; obnubilar-se; cerrar-se.

TOLERÂNCIA

Substantivo feminino. Plural: tolerâncias. Do latim *tolerantia, ae*. Equivale a: transigência; suportação; permissividade.

TOLERANTE

Adjetivo de dois gêneros; substantivo de dois gêneros. Plural: tolerantes. Do latim *tolerans, antis*. O mesmo que: complacente; comprazedor; moderador; aberto.

TOLERAR

Verbo regular. 1ª pessoa do singular do presente do indicativo: eu tolero. Do latim *tolerare*. Corresponde a: suportar; aturar; aguentar; escorar; aceder.

TOTALIDADE

Substantivo feminino. Plural: totalidades. Total + (i) + dade. Corresponde a: plenitude; integridade; inteireza; completude.

TRABALHADOR

> Adjetivo variável em gênero e número. Substantivo, variável em gênero e número. Trabalhar + dor. Equivale a: diligente; laborioso; obrador; lidador.

TRABALHAR

> Verbo regular. 1ª pessoa do singular do presente do indicativo: eu trabalho. Do latim *tripaliare*. Corresponde a: labutar; obrar; operar.

TRANSIGENTE

> Adjetivo e substantivo de dois gêneros. Plural: transigentes. Do latim *transigens, entis*. O mesmo que: atento; condescendente; tolerante.

TRANSPOR-SE

> Verbo irregular, derivado do verbo pôr. 1ª pessoa do singular do presente do indicativo: eu me transponho (informal quanto à topologia pronominal) ou transponho-me (formal quanto à colocação pronominal). Forma pronominal, na voz reflexiva. Equivale a: extrapassar-se; ultrapassar-se; galgar-se; encruzar-se.

TRAQUEJAR

Verbo regular. 1ª pessoa do singular do presente do indicativo: eu traquejo. Equivale a: treinar; exercitar; instruir; habilitar; acompadrar.

TRIPULAR

Verbo regular. Na 1ª pessoa do singular do presente do indicativo: eu tripulo. Equivale a: equipar; manejar; chusmar.

TUNGADOR

Substantivo masculino. Plural: tungadores. Corresponde a: contumaz; obstinado; acirrado; afincado.

TURBAR-SE

Verbo regular e pronominal, na voz reflexiva. 1ª pessoa do singular do presente do indicativo: eu me turbo (informal quanto à colocação pronominal) ou turbo-me (formal quanto à colocação pronominal). Equivale a: turvejar-se; embrumar-se; anuviar-se; encarrancar-se.

TURRA
Adjetivo de dois gêneros e substantivo de dois gêneros. Plural: turras. Equivale a: altercação; embirração; afincamento; cisma.

TURRAR
Verbo regular. 1ª pessoa do singular do presente do indicativo: eu turro. Turra + ar. O mesmo que: obstinar; insistir; teimar; aferrar; enfincar.

TURRÃO
Adjetivo e substantivo. Variável em gênero (turrona) e número. Plural: turrões. O mesmo que: tenaz; persistente; pertinaz; obstinado; caturra.

TURRISTA
Substantivo de dois gêneros. Plural: turristas. Corresponde a: ranzinza; abelhudo; turrão; caturra; obstinado.

ÚBERE

Adjetivo de dois gêneros e substantivo masculino. Plural: úberes. Do latim *uber, eris*. Equivale a: fértil; produtivo; feraz; rico; abundante.

ULTIMAÇÃO

Substantivo feminino. Plural: ultimações. O mesmo que: remate; aprimoramento; aperfeiçoamento; complemento; desfecho.

URGÊNCIA

Substantivo feminino. Plural: urgências. Do latim *urgentia, ae*. Equivale a: pressa (de atitude); premência; instância; aperto.

URGIR

Verbo regular. Presente do indicativo: ele urge; eles urgem. Esse verbo somente é conjugado na terceira pessoa. Do latim *urgere*. Equivale a: pressionar; compelir; adscrever; reprimir.

V

VALIMENTO

Substantivo masculino. Plural: valimentos. Valer + mento. Corresponde a: valor; valia; prestígio; influência; privança.

VARONILIDADE

Substantivo feminino. Plural: varonilidades. Varonil + (i) + dade. Corresponde a: heroísmo; hombridade.

VATICINADOR

Adjetivo variável em gênero e número. Substantivo variável em número. Plural: vaticinadores. Equivale a: agoireiro; adivinhador; visionário.

VEDOR

Adjetivo variável em gênero e substantivo. Plural: vedores. O mesmo que: inspetor; abalizador; acusador; ajuizador; ajuizado; abalizado.

VENCEDOR

Adjetivo e substantivo variável em gênero e número. Vencer + dor. Corresponde a: triunfador; obstinado; vitorioso; ganhador; conquistador; agenciador.

VENTUROSO

Adjetivo variável em gênero e número. Corresponde a: afortunado; fasto; fortunoso; aventurado.

VERBOSO

Adjetivo variável em gênero e número. Equivale a: loquaz; aquele que fala muito; que é hábil em se exprimir: eloquente.

VERSADO

Adjetivo, variável em gênero e número. Forma nominal do verbo versar. Do latim *versatus, a, um*. Corresponde a: experiente; experto; sabedor; prático; hábil.

VERTICALIDADE
Substantivo feminino. Plural: verticalidades. Equivale a: integridade; prumado; retidão; brio; autoridade.

VEZEIRO
Adjetivo variável em gênero e número. Equivale a: habituado; reincidente; aquele que tem o costume de fazer algo.

VIÇO
Substantivo masculino. Plural: viços. Corresponde a: vigor; entusiasmo; pujança; energia; força.

VIGÍLIA
Substantivo feminino. Plural: vigílias. Equivale a: dedicação; velado; diligência; atenção; zelo.

VIGOR
Substantivo masculino. Plural: vigores. Do latim *vigor, oris*. O mesmo que: robustez; ânimo; exuberância; vitalidade; energia.

VIRENTE
Adjetivo de dois gêneros. Plural: virentes. O mesmo que: vigoroso; exitoso; bem-sucedido.

VIRIPOTENTE
Adjetivo de dois gêneros. Plural: viripotentes. Do latim *viripotens, entis*. Corresponde a: vigor; energia; aquele que apresenta força.

VIRTUDE
Substantivo feminino. Plural: virtudes. Do latim *virtus, utis*. Corresponde a: faculdade; propriedade; poder; aptidão.

VISIBILIDADE
Substantivo feminino. Plural: visibilidades. Corresponde a: perceptibilidade (simplificada); alvor; apreensibilidade; lucidez; nitidez.

VISIONÁRIO
Adjetivo variável em gênero e número. Do francês *visionnaire*. Equivale a: o que tem ideias quiméricas; excêntrico; pessoa com ideias extravagantes.

VISLUMBRE
Substantivo masculino. Plural: vislumbres. Do espanhol *vislumbre*. Corresponde a: conjectura; prenúncio de algo; reflexo.

VITALICIAR-SE
Verbo regular. Forma pronominal, na voz reflexiva. Corresponde a: afortalecer-se; fortificar-se; enrijecer-se; revigorar-se.

VOLIÇÃO
Substantivo feminino. Plural: volições. Do latim *volitio, onis*. Equivale a: inconstância; mutabilidade; apetite; apetência; vontade (férrea).

VONTADE
Substantivo feminino. Plural: vontades. Do latim *voluntas, atis*. Equivale a: tenção; querer; interesse; desejo; apetite; propósito.

VORAZ
Adjetivo de dois gêneros. Plural: vorazes. Do latim *vorax, acis*. O mesmo que: ávido; capaz de destruir; ambicioso; o que tem forte cobiça.

ZELAR

Verbo regular. 1ª pessoa do singular do presente do indicativo: eu zelo. Do latim *zelare*. O mesmo que: garantir; olhar; vigilar; cuidar; assistir.

ZELO

Substantivo masculino. Plural: zelos. Do grego *zêlo*. Equivale a: cuidado; diligência; empenho; energia.

REFERÊNCIA BIBLIOGRÁFICA

ALMEIDA, Napoleão Mendes de. **Gramática metódica da língua portuguesa.** 46ª edição. São Paulo: Saraiva, 2009.

AZEVEDO, Francisco dos Santos. **Dicionário analógico da língua portuguesa: ideias afins.** 3ª edição. Rio de Janeiro: Lexikon, 2016.

CUNHA, Antônio Geraldo da. **Dicionário etimológico da língua portuguesa.** 4ª edição. Rio de Janeiro: Lexikon, 2012.

FERREIRA, Aurélio Buarque de Holanda. **Novo dicionário Aurélio da língua portuguesa.** 3ª edição. Curitiba: Positivo, 2004.

FIGUEIREDO, Cândido de. Novo dicionário da língua portuguesa. 5ª edição. Rio de Janeiro: Livraria Bertrand, 1940.

Vocabulário ortográfico da língua portuguesa. Academia Brasileira de Letras. 5ª edição. São Paulo: Global, 2009.

Compartilhando propósitos e conectando pessoas
Visite nosso site e fique por dentro dos nossos lançamentos:
www.gruponovoseculo.com.br

facebook/novoseculoeditora
@novoseculoeditora
@NovoSeculo
novo século editora

gruponovoseculo
.com.br

Edição: 1ª
Fonte: Calibri